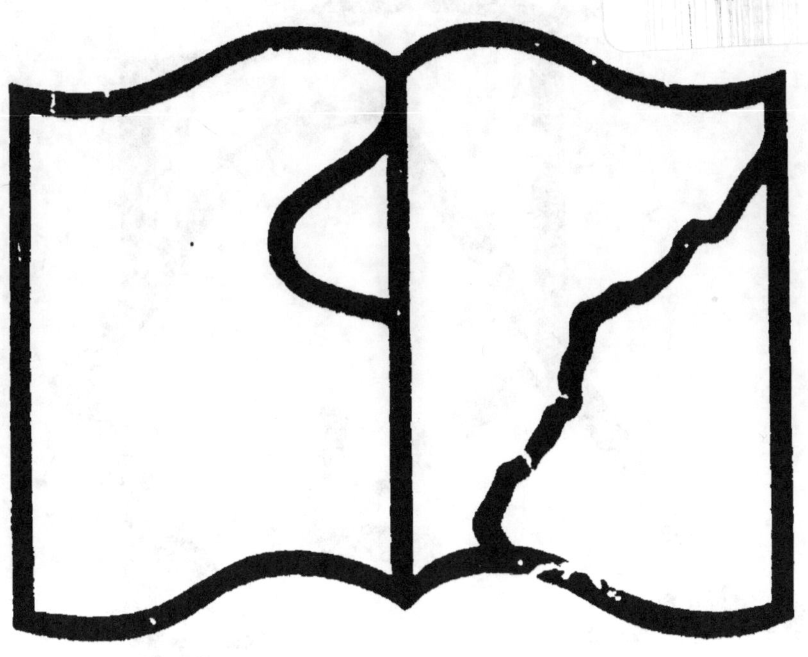

Texte détérioré — reliure défectueuse
NF Z 43-120-11

VALABLE POUR TOUT OU PARTIE DU
DOCUMENT REPRODUIT

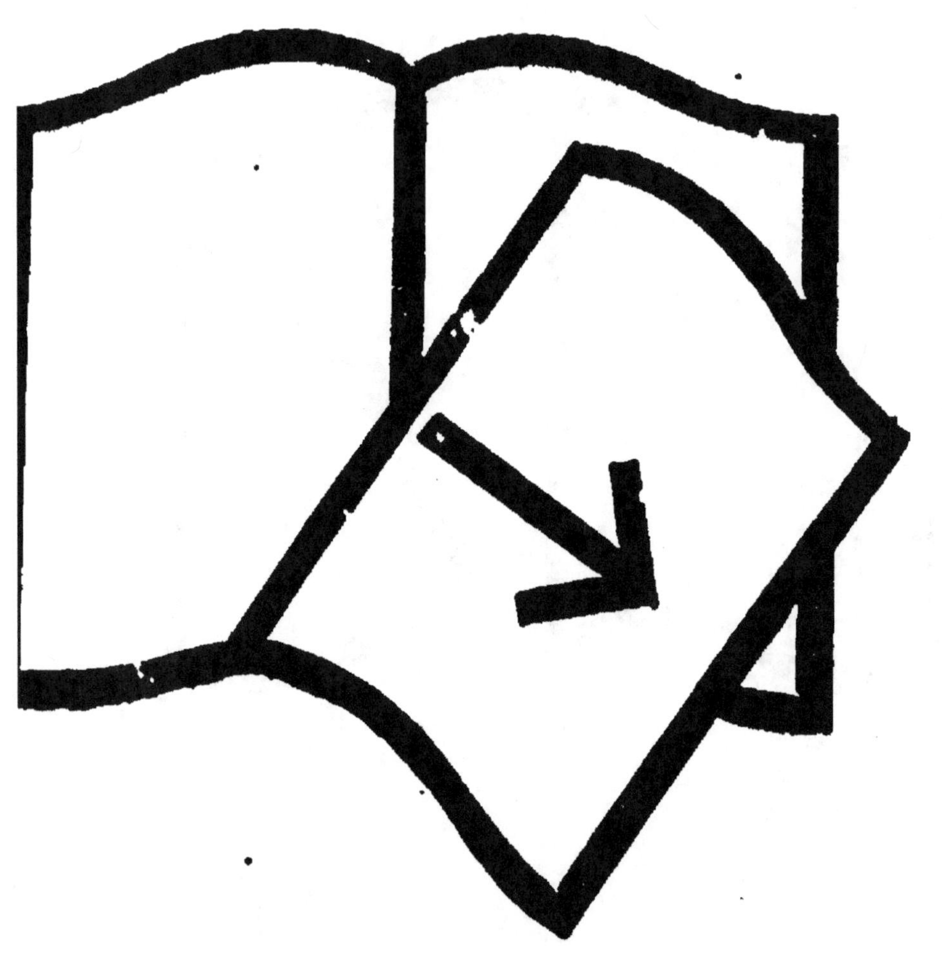

Couvertures supérieure et inférieure
manquantes

# L'ÉGYPTE EN 1858.

## INTRODUCTION.

Depuis quelques années, les pays musulmans préoccupent singulièrement le monde civilisé. La Turquie, l'Inde, l'Egypte attirent l'attention de tous les diplomates. L'intégrité de l'empire ottoman, l'insurrection des Indes, le percement de l'isthme de Suez, sont les questions politiques à l'ordre du jour. Au fond, il ne s'agit pas de savoir si les Etats musulmans changeront ou non de constitution, mais si l'islamisme vivra ou périra. Partout où il se trouvera en contact avec l'élément européen, il aura nécessairement le dessous; mais il triomphera de tous ses autres adversaires, soit par le glaive, soit par la parole. Ainsi, on sait positivement que le mahométisme fait des progrès considérables dans le centre de l'Afrique. Les nègres rejettent le papisme, dont la doctrine est trop compliquée pour leur intelligence, et la pratique trop difficile pour leurs habitudes nomades, et ils embrassent volontiers le Coran dont la connaissance exige si peu d'étude et le culte si peu de soins. Voilà autant de contrées fermées au christianisme, puisqu'il est démontré que les conversions de l'islamisme au christianisme sont plus rares encore que celles du christianisme à l'islamisme. La Syrie, l'Egypte, une partie de la Perse ont été chrétiennes et sont aujourd'hui musulmanes. C'est fâcheux; car l'islamisme est tout à fait incompatible avec la philosophie, qui est la source de tous les progrès humains, et dont le christianisme lui-même est une émanation. Les nations musulmanes sont condamnées par leur religion à l'immobilité de la mort.

Le divan égyptien a la bourse bien garnie. Il achète les éloges des journaux d'Europe, et, quand il ne peut obtenir leurs éloges, il achète leur silence. L'Europe apprend avec bonheur que l'Egypte possède dans Saïd-Pacha le meilleur des souverains et des pères. Son administration est parfaite, sa conduite est exemplaire, ses intentions sont droites, son esprit est à la hauteur de sa situation et de son époque. Voilà ce que répètent continuellement des plumes vénales, et ce que la plupart des lecteurs admettent les yeux fermés. Mais qu'un de ces lecteurs aille au Caire, qu'il prête un instant l'oreille aux propos des Arabes et des Européens; il entendra la contre-partie de ce qu'il aura lu dans les livres et dans les journaux; il entendra les employés et les courtisans mêmes du vice-roi élever les plaintes les plus amères et les plus fondées sur la manière dont l'Egypte est régie.

Qu'est-ce qu'un bon gouvernement? C'est une bonne administration. Là où l'administration est mauvaise, le gouvernement ne saurait être bon. Nous verrons plus loin jusqu'à quel point le pacha mérite l'amour ou la haine de ses sujets.

Le mot gouvernement est un de ces nombreux mots dont tout le monde se sert sans en connaître la signification, sans jamais y songer. Nous le tenons des Italiens qui ont été nos maîtres non-seulement dans les arts et métiers, mais aussi dans les sciences, et en particulier dans les sciences politiques et militaires. *Il governo*, c'est la gestion des biens; *il buon governo della famiglia*, c'est le ménage; *governo* dérive du latin *gubernare*, qui n'est autre chose que la transcription du grec κυβερνᾶν signifiant diriger un navire. Κυβερνήτης, *gubernator* (d'où gouverneur), c'est proprement le timonier ou le pilote. Les mots suivent toujours cette filière; ils ont à leur origine un sens concret; ils prennent un sens abstrait et figuré par la suite des temps et en passant d'une langue à une autre.

Je demanderai au lecteur la permission de le transporter immédiatement à Malte, qui est la dernière étape maritime du voyage de Marseille à Alexandrie. Malte est un affreux rocher sur lequel l'industrie humaine a élevé une des villes les plus proprettes et les plus coquettes que je connaisse. Grâce à Malte, à Gibraltar et aux îles Ioniennes, la Méditerranée est devenue un lac anglais. Assurément, s'il y a une puissance qui ait des droits à la domination de la Méditerranée, c'est l'Italie, et, en l'absence de l'Italie, c'est la France. Le hasard des batailles et des traités en a disposé autrement.

Les Maltais sont des Arabes chrétiens ; leur langue est de l'arabe tellement pur qu'un Maltais peut comprendre un Égyptien à première vue, sans l'aide d'un interprète. Les Anglais, qui occupent l'île, sont cordialement détestés. On préfère les Français et on fait des vœux pour leur réintégration dans cette province. Pendant la guerre d'Orient, chaque fois que des soldats français débarquaient à Malte, la population allait à leur rencontre avec des cris de joie, et les accueillait comme des libérateurs.

Le régime anglais a pourtant son avantage : les Maltais, en vertu de la constitution anglaise, jouissent de la liberté de la presse, mais qu'est-ce qu'un tel privilége pour une population qui sait à peine lire? La liberté de la presse est un bienfait qui ne peut être apprécié que dans un pays très-avancé, comme, par exemple, l'Angleterre. Dans les autres contrées, ce bienfait sera funeste, parce qu'il est des instruments dont on ne peut se servir sans danger qu'après en avoir appris le maniement.

Un des mérites du régime anglais, aux yeux du voyageur qui ne fait que passer, c'est qu'on l'exempte des formalités si fastidieuses de douane et de passeport.

En Europe, tout individu qui voyage tombe de ce fait même dans la catégorie des vagabonds et des voleurs de grand chemin. Tant qu'on demeure dans une seule ville, on peut impunément assassiner son prochain par toutes sortes d'escroqueries, qu'on qualifie du titre pompeux d'opérations de banque ou de commerce. Nul n'a le droit de vous rien dire. Mais, dès que vous changez de place, fussiez-vous le plus honnête homme du monde, vous devenez suspect. Tous les gendarmes sont à vos trousses, toutes les polices ont les yeux sur vous; on vous interroge comme un criminel, on vous mesure comme une marchandise, on vous fouille comme un coupeur de bourses, on dépêche votre signalement à toutes les frontières; vous ne pouvez faire un pas sans être visé, timbré, paraphé, escorté, espionné. Il est bon d'ajouter que c'est vous qui payez toutes les précautions inutiles que l'on prend à votre égard; et comme, pour garder un aussi grand coquin que vous, il faut une surveillance très-active, elle finit par vous coûter presque autant que le voyage lui-même. Voilà la façon dont les modernes entendent l'hospitalité. Ces braves païens avaient la sottise de bien accueillir les hôtes, de respecter leurs personnes et leurs propriétés. Les chrétiens font beaucoup mieux : peu s'en faut qu'ils ne logent et ne nourrissent les étrangers aux frais de l'État dans une bonne prison. Cela viendra, je l'espère, bientôt, avec les progrès toujours croissants de la civilisation et du crétinisme.

Autrefois les Anglais voyageaient pour leur plaisir, aujourd'hui, ils voyagent pour leurs affaires. *Le Ripon* a une cargaison de deux cents *gentlemen* qui se rendent aux Indes par la voie d'Égypte, non pas pour aller étudier le sanscrit dans les pagodes ou chasser le tigre dans les jongles, mais pour chasser les Indous de leurs foyers.

La guerre appelle la guerre; le sang appelle le sang. La cause des Anglais éveille peu de sympathies, car ils n'ont apporté dans leur conquête aucune vue civilisatrice. On applaudirait à leurs efforts pour regagner les Indes, s'ils se proposaient d'éclairer et de régénérer ces populations abruties par leurs prêtres et leurs princes; mais les Anglais ne tiennent à la possession des Indes que par esprit de spéculation. Cependant, chose merveilleuse, et qui prouve que la perfectibilité est la loi fatale de l'humanité, les Anglais civiliseront les Indes malgré eux, car il faudra bien qu'ils y établissent des chemins de fer, et ceux-ci, avec le temps, feront pénétrer les lumières jusque dans les recoins les plus cachés de cet antique asile de la barbarie.

C'est beau de quitter pour quelque temps l'Europe en proie à ses enfantements douloureux et de s'en aller passer une saison dans un pays à moitié sauvage, qui a tous les vices et toutes les vertus des temps primitifs et antédiluviens. Aller vivre en Egypte, c'est comme aller vivre en Chaldée au temps d'Abraham, de Loth et des autres patriarches. Tandis que l'Europe, à qui l'invention de la vapeur prête des forces herculéennes, arrache l'un après l'autre de son corps les dernières langes du moyen âge, on aime à se transporter momentanément chez un peuple qui ne comprend rien à la mission de l'humanité et qui croupit encore, sans se plaindre, dans les limbes du despotisme satrapique et sacerdotal. L'Arabe est docile parce qu'il ne pense pas; l'Européen est turbulent parce qu'il commence à penser.

Chose bizarre que la destinée de l'homme ! J'avoue pour ma part, que plus j'y songe, moins je la conçois, et plus je la subis, moins je m'y accoutume. *Naître, souffrir, mourir,* disait l'inscription du vieux château de Monetier, près de Genève ; hémistiche sublime ! Il était gravé sur le linteau d'une porte qui ne donnait plus accès qu'à des décombres, à des salles sans plafond, où avait retenti autrefois le bruit des fêtes et des banquets, et qui n'entendaient plus que les hurlements du hibou et les sifflements de l'orage. C'était une ruine noire et sévère qu'entouraient tous les trésors de la terre et tous les sourires du ciel; étrange ironie ! Un beau jour, ou plutôt une belle nuit, la ruine éloquente s'écroula avec un fracas épouvantable ; le vent ou les mauvais esprits l'avaient abattue. Maintenant sur son emplacement s'élève une auberge bien blanche et bien neuve comme toutes les auberges de la Suisse. — En Suisse, il semble que la nature n'ait créé de beaux sites que pour fournir à quelques cuistres cérémonieux l'occasion d'amasser des millions. Autrefois sur toutes ses hauteurs se dressaient des châteaux de barons féodaux ; aujourd'hui on y voit des auberges. De ces deux genres de coupe-gorges, lequel préférez-vous? Quoi qu'il en soit, de la porte de l'auberge bien blanche et bien neuve du Monétier on n'a pu effacer l'inscription *naître, souffrir, mourir...*, elle est aussi ineffaçable que le sang de Duncan sur la main de lady Macbeth, — et elle apparaît en lettres de feu sur les murs de la salle à manger, comme le *mane, pharès, thekel* de Daniel, dans la salle de festin de Balthazar.

C'est pourquoi *carpe diem*. Jouissons de ce peu de vie qu'on nous accorde à regret. Persuadons-nous que l'homme est ici-bas, non pas pour souffrir, mais pour jouir ; c'est plus sage et plus juste, et par conséquent plus moral. Il est ici-bas pour jouir par les sens et par l'esprit ; — jouir par l'esprit, c'est s'instruire, et s'instruire, c'est voir ; la plupart des idées s'acquièrent par les yeux ; les aveugles-nés sont privés de la vue de l'intelligence, parce qu'ils sont privés de la vue des yeux. Ainsi donc voyons et voyageons, car voyager, c'est voir, et voir, c'est savoir.

Je suis né pour les voyages. J'ai été deux fois en Angleterre, avant de venir au monde. A cinq ans, j'ai traversé toute l'Allemagne, l'Autriche, le Tyrol et l'Italie, à la poursuite de la princesse Dietrichstein qui devait à ma mère une somme assez forte qu'elle refusait de reconnaître légalement. Ma mère s'occupait de ses intérêts ; moi, je n'étais sensible qu'aux aiguilles de la cathédrale de Strasbourg, aux sapins et aux loups de la forêt Noire ; aux torrents et aux pics glacés des Alpes, aux riches autels de la cathédrale de Padoue, aux tours et aux clochers de Florence. Dans ce temps-là les moindres distances ne se parcouraient qu'avec des difficultés et des dépenses énormes ; aujourd'hui on franchit les plus grands espaces en un clin d'œil. Dans un laps de vingt-six ans, le monde a changé de face. Désormais il changera dans les mêmes proportions à peu près tous les demi-siècles; nous touchons à une ère nouvelle, le moyen âge finit. C'est en vain que quelques énergumènes, soutenus par quelques vieilles folles, cherchent à ranimer ce fantôme expirant; il s'évanouira, comme un cauchemar, aux feux de la véritable aurore. L'homme connait sa force; on ne peut plus la lui contester. Il refait le globe à son gré; il cicatrise les plaies sociales; il supprime les fléaux contagieux; il dompte les tempêtes; il double la fécondité du sol; il prend le feu pour pilote et la foudre pour messager. Sois fier, ô homme, de ta future destinée, autant que tu peux être honteux de ta destinée présente et passée : console-toi, la nuit cesse, le jour commence.

Quitter Paris pour la campagne, c'est quitter l'enfer pour le paradis. Paris est ce que je connais au monde de plus semblable à l'enfer. J'y retrouve tous les supplices inventés par le Dante. J'y retrouve les *bolges* (d'où *boulge*, *bouge*) sombres, étroites, fétides; j'y retrouve le brouillard glacé, humide; j'y retrouve la chaleur étouffante, volcanique; j'y retrouve les bourreaux : j'y retrouve les victimes. Voici les avares; voici les prodigues; voici les ambitieux; voici les paresseux et les lâches; voici les concussionnaires et les filous; voici les meurtriers et les assassins. Tous les vices, tous les crimes ont leur chapelle dans ce panthéon de l'horreur. A Paris, on manque de ce qui constitue l'existence : l'air et l'espace. Paris, c'est le système cellulaire appliqué à un million d'âmes. Les voyez-vous, qui s'entassent péniblement dans leurs bolges et qui disputent au vent un peu d'air, au soleil un peu de lumière, et qui se débattent et pantèlent dans leur geôle, comme des grenouilles sous le récipient de la machine pneumatique. A Paris, un cabinet s'appelle un salon; une niche s'appelle une alcôve; un trou s'appelle un appartement. Mais le pire de tout, c'est la nourriture des malheureux damnés. Une mixture noire, c'est du vin ; une mixture blanche, c'est du lait; le sel, le café, le pain même est falsifié.

Me voilà donc embarqué à bord du *Ripon*, grand bateau de la Compagnie des Indes-Orientales, faisant le service entre Southampton et Alexandrie. Ce bateau peut loger plus de quatre cents passagers de première classe dans des chambres aussi commodes pour le moins que celles des maisons de Paris. La salle à manger est aussi vaste que celle des *Frères Provençaux*, au Palais-Royal. On sert des quartiers de bœuf et des moitiés de mouton à la multitude affamée qui se presse autour des tables. On croirait assister aux noces de Gamache. Le xérès et l'ale coulent à flots. Après le repas, un ministre de l'Evangile adresse quelques paroles édifiantes aux voyageurs, qui sont presque tous des militaires partant pour les Indes. Il est intéressant d'entendre le prédicant répéter la maxime, *aime ton prochain plus que toi-même*, à des gens qui vont délibérément juguler leurs frères les Indous. C'est là un genre d'hypocrisie qui était inconnu de ces honnêtes païens tant décriés.

Le soleil se couche dans un lit de saphirs liquides. — Encore un jour de fini; encore un jour de perdu. Perdu, oui, irréparablement perdu. Car qu'ai-je fait dans cette journée ? Ai-je produit quelque chose ? Ai-je fait quelque utile usage de mes forces corporelles ou mentales ? Ai-je travaillé, ai-je aimé ? Non. Et pourtant ce jour n'est pas le seul de ce genre ; combien n'en ai-je pas déjà perdu ; combien n'en perdrai-je pas encore sans profit pour moi-même, hélas ! ni pour les autres ! Cette réflexion est ma meilleure raison de croire que la société est mal organisée. Dans une société bien organisée, les facultés d'aucun de ses membres ne resteraient inactives.

En attendant, l'étoile du soir se lève et je lui adresse ces beaux vers de Zénaïde :

Oh ! lovely star on high
That twinklest as an angel's tear
Upon the evening sky !
How beautiful art thou !

When on the dusky firmament
 Thou shinest bright as now;
 When lingers mild thy ray
 Over the ruins of the past
 As pity o'er decay;
When glows thy thoughtful beam
Glass'd in the limpid deep at night
 As beauty in a dream,
 How oft have I not gazed
Upon the azure southern sky
 Enraptured and amazed !
 And when I saw thee rise
Methought a world unknown and pure
 Was opening fore my eyes.
 For even there, where all
So glorious is and fair on high
 And as endow'd with soul
 Thou art the beautiest far
Of all the brilliant host aloft,
 Oh gentle evening star !

» O aimable étoile, qui brilles au ciel comme une larme d'ange! que tu es belle, étoile du soir ! Quand tu étincelles comme à présent sur le firmament sombre; quand ton rayon se penche sur les ruines du passé, comme la pitié su la douleur ; quand ta face rêveuse se reflète dans la mer profonde comme la beauté dans un rêve, avec quel ravissement et quel bonheur je te contemple sur l'azur du couchant! Quand je te vois surgir, il me semble que je vois un monde inconnu et pur éclore devant mes yeux : même là où tout est si glorieux, si vivant, tu es la plus belle de toutes les filles radieuses de la nuit, ô douce étoile du soir!

Ces vers, dignes de Byron, sont d'une jeune Corinne de dix-neuf ans, belle et savante comme la muse antique. Sa charmante image m'accompagne en tout lieu ; elle est mon étoile du soir et du matin, dont les rayons me guident et me consolent au milieu des misères de la vie.

Les voyageurs qui ont peu d'instruction et peu d'imagination feraient mieux de rester chez eux. Ils ont entendu raconter mille belles choses de l'Egypte et de l'Orient, et ils

partent dans l'espoir de voir toutes ces choses tant vantées.
Ils les cherchent et ne les trouvent pas. Ils rentrent dans
leurs foyers sans avoir éprouvé aucune des émotions qu'ils
se promettaient et que leur promettaient les livres. La
faute n'en est pas aux choses, mais aux voyageurs qui n'ont
pas apporté à leurs excursions l'esprit et les connaissances
nécessaires. C'est l'imagination qui prête aux objets la plupart de leurs charmes. Les infortunés à qui cette faculté
magique est refusée, feraient bien de s'en tenir aux descrip-
tions des écrivains et de ne jamais chercher à vérifier par
leurs yeux si elles sont exactes. Je les avertis qu'elles leur
sembleront toujours souverainement imparfaites et menson-
gères. Qu'ils aillent à Alexandrie, par exemple. Ne voyant
rien d'agréable dans l'aspect général de la ville ou de la campagne, ils se demanderont comment une pareille bicoque
peut inspirer tant d'intérêt. Le mérite d'Alexandrie est tout
entier dans les souvenirs du passé, et les souvenirs sont des
êtres purement abstraits, invisibles et intangibles, auxquels
l'imagination donne un corps et une âme.

On voyage pour voir de nouvelles mœurs, de nouveaux
usages, et les mœurs et les usages sont les mêmes partout.
En tout pays, le plus fort a raison et le plus faible à tort; en
tout pays, la ruse triomphe de la vertu, le vol adroit passe
pour un trait de génie; le mérite modeste est foulé aux
pieds; le crime effronté est au pinacle. En tout pays on
crie : *Vœ victis!* malheur aux vaincus ! et on les jette pèle-
mêle aux gémonies sans écouter leurs plaintes, et on tresse
des couronnes aux vainqueurs empourprés de sang innocent.
Puis le temps pile tout dans son mortier, fait une seule
poussière de la cendre des uns et des autres. Le vent la dis-
perse au loin, et le soleil reparaît toujours au-dessus des
nuages qui ombragent le coin de boue où nous rampons.

L'Egypte est généralement appelée le berceau de la civilisation. Nos arts, nos sciences, nos religions ont pris
naissance sur les bords du Nil; les Grecs ont appris des
Egyptiens l'architecture, la géométrie, l'astronomie, la

mécanique, l'hydraulique, l'arithmétique; les Phéniciens leur ont emprunté le système alphabétique; les Hébreux, leurs rites et leurs lois. Un prêtre égyptien, Osarsif ou Moïse, dicta le Décalogue, ce code de la morale universelle. Toutes les vérités et toutes les erreurs ont leur source en Egypte. Selon la tradition hellénique, deux Egyptiens, Cécrops et Danaüs, fondèrent les plus illustres villes de la Grèce, Athènes et Argos. Orphée, le plus célèbre des poëtes primitifs, alla étudier en Egypte la théologie, l'astronomie, la musique, la médecine, qu'il vint ensuite enseigner à ses compatriotes, encore à moitié sauvages. Homère parle de l'Egypte comme d'un pays de merveilles. Il fait de Protée le plus habile et le plus prudent de tous les rois. Lycurgue et Solon apprirent des Egyptiens la science de la législation ; Thalès, Anaximandre, Pythagore, Socrate et Platon, étudièrent la philosophie et les sciences de l'Egypte. Platon invoque fréquemment le témoignage des Egyptiens, qu'il proclame les maîtres et les modèles de tous les hommes.

La chronologie n'a offert jusqu'ici de dates bien certaines qu'à partir du viiᵉ ou du ixᵉ siècle avant l'ère vulgaire. Chez les Juifs, les temps vraiment historiques ne commencent que vers le règne de Salomon; chez les Grecs, tout l'espace antérieur à la guerre de Troie est livré au conflit des hypothèses et au vague des inductions. Les Indous, les Chinois prétendent à une antiquité très-reculée ; mais ils ne produisent, à l'appui de ces prétentions, que des calculs suspects et des traditions fabuleuses. S'il existe quelque part dans l'histoire du monde les éléments d'une chronologie positive antérieure à Salomon et à Agamemnon, c'est chez les Égyptiens qu'ils doivent se trouver.

« Les Egyptiens, dit Hérodote, sont de tous les hommes ceux qui conservent le plus fidèlement le souvenir des anciens temps. » Quand un prodige a lieu, ils s'empressent de l'écrire; et si, dans la suite, un phénomène analogue arrive, ils jugent par induction qu'il aura le même résultat. Les prêtres égyptiens énumèrent, d'après son livre, trois cent trente rois depuis Menès, le fondateur de la monarchie.

Manéthon atteste l'existence de tables chronologiques remontant sans interruption jusqu'à Menès, et indiquant avec la plus scrupuleuse exactitude les noms, l'âge, les actions des rois et la durée de leurs règnes exprimée par années, mois et jours.

Tandis que les prêtres consignaient l'histoire d'Egypte sur le papyrus, les rois la faisaient graver sur les murs des édifices. Les monuments égyptiens sont des pages d'histoire; leurs parois, bigarrées d'hiéroglyphes, racontent les faits et gestes des Pharaons. Chaque génération qui passait sur cette terre antique y écrivait son histoire sur des palais, sur des tombeaux composés de matériaux indestructibles. Les Grecs étaient trop amoureux de l'élégance des formes pour élever des constructions durables; les Chinois n'ont point d'architecture; les Indiens n'ont point de constructions bien anciennes; les Babyloniens ne bâtissaient qu'en briques; dans le nord de l'Europe, les constructions périssent par l'effet du froid et de l'humidité; dans le sud, ils disparaissent sous les efforts d'une végétation trop active. L'Egypte, avec ses carrières de granit, avec sa température sèche et son sol inaccessible à la flore luxuriante de la zone moyenne, semblait prédestinée par la nature à être la fidèle conservatrice des plus anciens documents de l'histoire des hommes. Les hypogées de Thèbes et de Memphis nous ont, après cinquante siècles, rendu les manuscrits déposés dans leur sein aussi intacts que le jour où ils leur avaient été confiés.

Cette digression a pour objet de rappeler au lecteur que les souvenirs sont l'une des principales attractions d'un voyage en Egypte. On visite avec amour ce sol sacré où se sont formés les plus grands esprits de l'antiquité : Pythagore, Platon, Moïse. C'est là qu'ont accompli quelques-uns de leurs plus beaux exploits les plus grands conquérants que cite l'histoire : Alexandre, César, Napoléon. A mesure que le *Ripon* s'approche de la terre d'Egypte, il me semble apercevoir, aux premières clartés du matin, les ombres de ces trois géants, debout sur le rivage, la tête couronnée d'éclairs et la main armée d'un fouet, symbole de la royauté. Trinité imposante et sinistre!

Probablement les érudits soutiendront qu'il est impossible que j'aie vu sur le rivage de l'Egypte les trois personnages que je viens de nommer, et ils me taxeront de visionnaire..J'ai déjà déclaré que je veux être vrai, et livrer à mes deux ou trois lecteurs mes sensations telles qu'elles se sont gravées dans mon esprit. Ce n'est pas ma faute à moi si les ombres de ces messieurs me sont apparues au bord de la mer. Je ne suis point superstitieux, car je suis peu crédule; mais il m'arrive quelquefois d'évoquer les absents et les morts avec une telle puissance de reproduction, que mes yeux les voient et mes mains les touchent. C'est là une faculté qui a son mérite.

On aura beau dire que la poésie et la science sont ennemies; — je ne connais pas de facultés plus sympathiques ni plus homogènes. Les grands savants sont de grands poëtes. Voyez Copernic, Galilée, Newton, Cuvier. Leurs découvertes se sont présentées d'abord à leur imagination comme des rêves; et en effet elles en avaient tout l'air, et les contemporains ne les regardaient pas autrement que comme des folies et des contes de nourrice. N'est-ce pas de la même façon que furent reçues de nos pères les inventions de Fulton et de Morse? Voguer sur l'eau avec des roues; rouler en voiture sans chevaux; correspondre d'un bout du monde à l'autre à l'aide d'un fil, voilà des prodiges qui tenaient du miracle, et que tout le monde reléguait parmi les riantes fictions de la poésie antique. Et pourtant cette poésie est aujourd'hui une réalité, une réalité que la plupart des gens trouvent prosaïque : tant les jugements humains sont sujets à changer!

Notre république flottante a une constitution régulière qui fonctionne dans la perfection. Tout s'y fait avec une exactitude et une promptitude dont on n'a pas d'idée à bord des navires français. Toutes les heures, l'officier de quart fait des observations astronomiques et météorologiques. Partout règne un ordre, une discipline aussi rigoureuse que la discipline militaire. On fait quatre repas par jour. A neuf heures du matin, le thé ou le café ; à midi, le luncheon ou déjeuner à la fourchette ; à six heures, le dîner ; à dix heures le thé. Tous ces repas sont d'une abondance fabuleuse, et quoique le prix du passage n'excède pas celui des bateaux français, on peut demander tous les extras imaginables sans avoir à payer un sol de surplus. Aussi, le vin coule à torrents et les dîners se convertissent facilement en festins. A huit heures, la musique joue. Voici le programme d'un de ces concerts marins :

## PROGRAMME OF MUSIC,

### THIS EVENING,

| | | |
|---|---|---|
| Ouverture, | *Fra Diavolo,* | Auber. |
| Valse, | *Ste Marie,* | Bossisio. |
| Cavatina, | *Lucretia Borgia* | Donizetti. |
| Quadrille, | *Edimbro,* | Dalbert. |
| Aria, | Ah che assorte indolce incanto, | Venzano. |
| Polka, | *Bloomer,* | Mellon. |
| Galop, | *Sturm march.* | Bilse. |

**National Anthem.**

The latest PIANO FORTE MUSIC to be had from the
BAND MASTER.

Après le thé, on monte sur le pont pour se promener, on y demeure ordinairement jusqu'à onze heures. Mais déjà à dix heures les rangs s'éclaircissent et on voit à tout moment quelque personne disparaître dans les écoutilles comme un fantôme qui rentre sous terre. A minuit, il ne

reste qu'un seul voyageur sur le pont. C'est moi. L'atmos-
phère des cabines m'est mortelle ; je passe donc la nuit en
plein air. Je cause avec les officiers et les matelots, ils me
racontent leurs aventures, leurs longues traversées et surtout
leurs naufrages. Puis je contemple la mer et le ciel qui
s'embrassent étroitement à l'horizon, j'écoute leurs baisers
et leurs soupirs ; je chante leur épithalame avec les vents et
les flots. J'admire les millions d'étoiles qui brillent sur leur
couche nuptiale, et je m'anéantis devant la grandeur de l'univers. Orgueil humain, qu'es-tu en face de ces abimes d'azur
et de lumière ! Passer sans laisser de trace ! Se briser
comme une bulle d'eau, se disperser comme la poussière
du chemin, quand on porte en soi toute une création
idéale, plus belle encore que celle qui existe. Déception,
dérision, supplice cruel ! Pourquoi suis-je né ? Pourquoi
faut-il que je sente ma misère et que je me voie dépérir ?
Pourquoi faut-il que j'envie le sort de la bête insouciante,
qui s'ignore elle-même et qui s'éteint sans le savoir ? Elle
ne meurt qu'une fois en sa vie ; moi je meurs mille fois par
jour.

L'aurore dissipe de ses doigts de rose ces tristes rêveries
et me rend à la froide réalité. Je retrouve mes compagnons
de la veille, aussi plats et encore plus plats que la veille,
car chaque jour fait un vide dans leur sac à esprit, et si le
voyage devait encore durer une semaine, je suis sûr qu'au
septième jour ils n'auraient plus rien à me dire, leur provi-
sion d'anecdotes et de bons mots d'emprunt serait épuisée.
J'ai souvent rencontré des voyageurs insignifiants, mais les
plus insignifiants que j'aie encore vus sont ceux avec qui le
hasard m'a embarqué à bord du *Ripon*. Les uns sont des
soldats en herbe, des héros de dix-sept à dix-huit ans qui
connaissent à peine leur main gauche de leur main droite,
agneaux innocents, qui vont tendre le cou au yatagan des
Indiens. Les autres sont des *yankees* que le commerce
appelle sur les rives du Nil ou de l'Inde. Les yankees sont les
plus illettrés des hommes. Comment en serait-il autrement !

La plupart d'entre eux passent leur première jeunesse dans des fermes solitaires ou dans des plantations peuplées de nègres, ou dans le comptoir d'un banquier, ou enfin dans des écoles tenues, soit par des quakers, soit par des méthodistes, lieux peu favorables au développement du sens esthétique et du goût littéraire. Aussi rien de plus scandalisant pour nous autres Européens, que les jugements de ces messieurs d'outremer, sur tout ce qui constitue notre civilisation. Il m'est arrivé d'entendre plus d'une fois dans des sociétés d'Américains des propos dans le genre de ceux-ci :

— « Vous avez été à Paris, M. W***, vous avez monté sur les tours de Notre-Dame?

— Oui, la vue est superbe, j'ai été charmé de l'infinie variété des cheminées.

— Vous avez été à Rome ?

— Oui... j'ai vu les ruines... elles sont en bien mauvais état... elles auraient bien besoin de réparation... J'ai vu les statues du Vatican.... Certes pour l'époque où elles ont été faites, elles ne sont pas mauvaises..., J'ai été frappé du *Gladiateur mourant*, les gouttes de sang sur la poitrine sont très-bien imitées.

— Vous avez vu les galeries de tableaux ?

— Oui..., mais je n'en donnerais pas deux sous (*two cents*). Quelles affreuses croûtes (*what a damn'd trash*) ! Quelle mauvaise plaisanterie ! (*what a perfect humbug*) ! Il n'y a là aucune invention, aucune originalité. Les madones de Raphaël se ressemblent toutes : cela se conçoit d'ailleurs, puisqu'il n'a fait que reproduire les traits de sa maîtresse. Tous ces prétendus grands peintres n'avaient pas pour un liard d'imagination; ils travaillaient toujours d'après nature ! »

Les artistes de Rome racontent que, il y a quelques années, le gouvernement fédéral chargea son agent consulaire à Rome, d'acheter des tableaux de maîtres pour le musée de New-York. Dès que cette nouvelle fut connue, notre diplomate se vit assailli de brocanteurs et de courtiers munis de catalogues de galeries à vendre. Il visita ces collections, mais n'y trouvant guère que des tableaux anciens, mal encadrés et un peu noirs, parfois même un peu écorchés, il déclara que jamais de la vie il n'emploierait l'argent de son gouvernement à des vieilleries dignes tout au plus de la boutique d'un fripier. Voyant à qui ils avaient à faire, les courtiers changèrent de tactique et ne montrèrent plus au diplomate que des tableaux modernes, richement encadrés et tout fraîchement vernis. Il en fut enchanté, en acquit un grand nombre à des prix énormes et les expédia en Amérique, avec une lettre où il narrait longuement combien il avait eu de mal à découvrir des tableaux bien propres et n'ayant jamais servi.

Je professe l'opinion que nous sommes dans ce monde pour l'étudier. Je fraie volontiers avec toutes sortes des gens, car il n'est pas un homme de qui on ne puisse apprendre quelque chose. Pour arriver à ce but, je me conforme autant que possible aux idées de mon interlocuteur. Je suis gai avec le gai, triste avec le triste, railleur avec le railleur, enthousiaste avec l'enthousiaste, dévot avec le dévot, mondain avec le mondain. Mais parmi tous ces rôles, il en est qui me plaisent plus les uns que les autres, et que je peux soutenir plus ou moins facilement. Le rôle d'indifférent est celui que je déteste le plus, et pourtant il m'a fallu le jouer pendant quatre jours pour n'être pas tout à fait privé de société.

Cependant il y avait à bord deux beaux yeux avec qui j'aurais bien voulu échanger quelques mots; mais le propriétaire de ces petits espiègles les veillait de si près, que, à peine la conversation était-elle entamée, il fallait aussitôt l'interrompre. D'autre causeurs essayèrent à leur tour, et ne furent pas plus heureux; cela veut-il dire que le geôlier de ces beaux yeux aura toujours le même bonheur ? Non assurément. Bénies soient les femmes laides ! Elles sont vertueuses sincèrement et facilement. La vertu a été inventée par elles et pour elles. Sans la vertu, quel mérite auraient-elles ?

C'est ainsi que nous abordons à Alexandrie, moi tout rempli des souvenirs que cette ville réveille, Podhorski tout préoccupé des fouilles qu'il désire entreprendre sur l'emplacement de quelque temple ou palais égyptien.

Le port d'Alexandrie est l'un des plus dangereux du monde après avoir été l'un des plus commodes. Les Turcs l'ont hérissé de quartiers de roc pour en rendre l'accès impossible sans le secours d'un pilote. De cette façon, Alexandrie est (du moins du côté du sud) à l'abri d'un coup de main. Mais elle est ouverte de tous les autres autres côtés, et cette stupide mesure n'a empêché ni les Français ni les Anglais de s'emparer du Delta. Politique turque ! Quand la mer est grosse, il arrive quelquefois que les navires restent deux ou trois jours en vue du port d'Alexandrie sans pouvoir y entrer. C'est là une des éventualités auxquelles doit se préparer le voyageur qui visite cette terre inhospitalière. Nous n'avons pas été dans ce cas, mais bien des navires s'y sont trouvés pendant cet hiver.

Le bassin du port est encombré de navires de toutes les nations, et présente l'aspect de la plus grande activité.

Ne me demandez pas de nouvelles du fameux phare d'Alexandrie, il n'en reste plus de traces. Mais sa destruction totale ne date que de trois ou quatre siècles. Le voyageur arabe Ibn-Batoutah le vit debout en partie : voici sa description : « C'est un édifice carré d'une grande hauteur ; une de ses faces est en ruines. Sa porte s'élève au-dessus du niveau du sol, et vis-à-vis on voit une construction d'une hauteur convenable, servant à soutenir des planches par lesquelles on parvient au phare. Quand on enlève les planches, on ne peut plus y pénétrer. Ce vestibule sert de demeure au gardien. L'entrée principale a neuf empans de largeur, et le mur d'enceinte dix empans d'épaisseur. Chacune des faces de l'édifice est haute de cent quarante empans. Il occupe le sommet d'une col-

line à un parasange de la ville, sur une langue de terre
que la mer entoure de trois côtés [1]. »

Aujourd'hui, il ne reste pas une pierre de cette tour,
que les anciens classaient parmi les merveilles du monde.
Il ne reste guère davantage non plus des autres édifices
d'Alexandrie; il n'y a pas de traces des six cents temples,
des trois cents théâtres ni des quatre mille bains de cette
ville immense. Où est le Serapeum, où est le palais des
Ptolémées, où est la fameuse Bibliothèque, où est le tombeau d'Alexandre? Les barbares sont venus, et tout a été
anéanti. Par barbares, j'entends les chrétiens et les musulmans, car tous les fanatiques sont des barbares. Il n'y a
que les gens tolérants qui méritent le nom d'êtres civilisés.
Tout ce qui est intolérant est barbare. Les Grecs étaient le
peuple le plus civilisé de la terre, parce qu'ils étaient tolérants. L'élément juif est intolérant par excellence. En se
combinant avec le platonisme, il a donné naissance au
christianisme, qui à son tour, en s'alliant avec le culte
païen, a produit le romanisme. La civilisation a péri avec
l'hellénisme et est ressuscitée avec lui. Elle a commencé à
s'éclipser vers le iv⁰ siècle; elle a reparu vers le xv⁰ avec le
retour des études classiques.

Louis DELATRE.

[1] *Les Voyages d'Ibn-Batoutah*, publiés par MM. de Fremery et Sau-
guinetti, 1ᵉʳ vol., p. 29.

# LES CRITIQUES DE L'HIMALAYA.

Depuis un an des millions de lecteurs suivent, jour par jour et pas à pas, dans les feuilles politiques, le récit de cette insurrection de l'Inde, si inattendue, si sanguinaire, et qui a déjà provoqué de la part des vainqueurs irrités de si sanglantes représailles. Mais combien de gens oublient (sans parler de ceux qui l'ignorent) que, dans cet espace même compris entre les pics neigeux de l'Himalaya, le Syndh, le Gange, le Brahmapoutra et les monts Ghattes, sur ce théâtre d'une révolte exclusivement militaire et surtout musulmane, près de ces villes de Delhi, de Bénarès, d'Agra, d'Oude, d'Hayderabad, de Lucknow, qui ont failli devenir un monceau de ruines, florissait jadis une race très-intelligente, assez active et, quoi qu'on en ait dit, primitivement vertueuse, passionnée pour les arts, les sciences et les lettres, pure par ses mœurs, grande par ses lois, intéressante par sa religion, parvenue à la civilisation la plus raffinée, bien digne, en un mot, d'être, sinon la mère, du moins la sœur aînée de toutes les races européennes. Il y a cent ans à peine, personne en Occident ne s'en fût douté; avant cent ans, ces idées, qui passaient naguère pour des paradoxes, ne seront plus que des lieux communs à l'usage des rhéteurs vulgaires. De nos jours, l'humanité vieillie commence à se tourner de nouveau vers son berceau antique, et, malgré les glaces d'une laborieuse expérience, elle cherche avec complaisance la route marquée par ses premiers pas, et elle aime à répéter les mots naïfs que son

# L'ÉGYPTE EN 1858 [1].

## II. — Alexandrie.

Napoléon observe avec raison, dans un passage de ses *Commentaires* que, de toutes les entreprises d'Alexandre, celle qui fait le plus d'honneur à son génie, c'est la fondation d'Alexandrie. L'Egypte ancienne avait vécu dans l'isolement; elle n'avait eu aucun rapport suivi avec les autres nations, ni par l'amour du gain, ni par l'amour de la science; il fallait pour la rattacher à la Grèce créer un port qui servit de lien et de canal entre ces deux civilisations. Il jeta ainsi le grappin sur l'Egypte; il la mit sous l'influence et sous la dépendance de la Grèce, et au bout de peu d'années, l'Egypte était une docile province de l'empire macédonien. Par quel art extraordinaire les Grecs et les Romains savaient-ils s'assimiler leurs conquêtes? Les modernes se sont efforcés de les imiter, mais sans succès. Les Anglais. qui passent pour les meilleurs colonisateurs, perdent successivement toutes leurs colonies. Les Grecs ou les Romains eussent converti l'Inde à leur religion, à leurs lois, à leurs mœurs; les Anglais évacueront l'Inde sans y avoir pu même jeter les germes de la civilisation.

Reconnaître l'importance d'un point géographique, est une des qualités essentielles d'un fondateur d'empire. Constantin et Pierre le Grand eurent cette perspicacité et l'événement a justifié leurs prévisions. Saint-Pétersbourg

(1) *Voir le numéro de juillet.* 1ᵉʳ article (*Introduction*).

et Constantinople seront toujours deux des clefs de l'Europe. Ce qui a manqué à l'œuvre de Napoléon, c'est une création de ce genre. S'il avait donné une capitale nouvelle à quelqu'un de ces royaumes, à l'Italie par exemple, l'édifice élevé par ces mains n'eût peut-être pas croulé si aisément. Napoléon eût eu un chez lui. Paris appartenait aux Bourbons; Rome appartenait aux papes; la ville de Napoléon eût appartenu à Napoléon. Un moment, il avait jeté les yeux sur la Spezia, mais le tourbillon qui l'emportait ne lui laissa pas le loisir d'entamer ce projet salutaire. Du fond du golfe de la Spezia, il eût bombarbé le monde. A une dynastie nouvelle, il faut une capitale nouvelle.

Alexandrie doit son nom à Alexandre, et l'étymologie le prouverait suffisamment à défaut de l'histoire. Il n'en est pas ainsi de Rome. Romulus est un citoyen de Rome, mais n'en est pas le fondateur. Si Romulus avait fondé Rome, il l'aurait appelée *Romulea*, c'est-à-dire qu'il eût fait dériver le nom de cette ville de son nom à lui, par l'addition d'une terminaison, comme firent plus tard Alexandre, les Ptolémées et les César (d'Ἀλέξανδρος, Ἀλεξανδρία; de Πτολεμαῖος Πτολεμαΐς) de *Cæsar, Cæsarea*). Romulus signifie *habitant de Rome*; comme Herulus, *habitant de Héra*; Rutulus, *habitant de Ruta*, etc. Ainsi, Rome existait avant Romulus. Il faut ne pas savoir le latin pour dire le contraire. Mais cela n'empêchera pas les professeurs d'histoire de continuer à débiter que *Roma* vient de *Romulus* et que Romulus donna son nom à Rome.

Le quartier du port présente l'aspect de la plus affreuse misère. La plupart des maisons sont construites en argile, et la population qui les habite n'a pour vêtements que d'affreux haillons qu'un chiffonnier dédaignerait de ramasser dans le ruisseau. Les rues ignorent ce que c'est qu'un pavé; hommes et chevaux enfoncent dans la boue quand il pleut, dans la poussière quand il fait sec. C'est le premier de ces deux cas qui est le nôtre. Une voiture de Paris, assez élégante d'ailleurs, nous charrie à travers tous ces bourbiers infects dont les éclaboussures rejaillissent jusque sur nos chapeaux, et dont l'odeur nauséabonde offense notre nerf olfactif. Les petits garçons pataugent comme des canards dans ces marais pestilentiels ; les petites filles s'y promènent avec eux, mais en ayant soin de se retrousser jusqu'au nombril pour couvrir pudiquement leur visage avec un pan de leur robe. On sait que l'Islam défend aux femmes de montrer leurs traits en public.

Après avoir risqué vingt fois de verser, et de nous noyer dans l'ordure, plus cahotés, plus ballottés que nous ne l'avons été sur la mer pendant une traversée de sept jours, nous arrivons à l'hôtel Zech, situé sur la Grande-Place, qui est vraiment grande et même grandiose, quoique les constructions qui l'entourent manquent de caractère ; mais du moins elles sont simples et n'affichent aucune prétention à la beauté architectonique.

Une des choses qui frappent le plus l'étranger à son arrivée en Orient, c'est la variété et l'élégance des costumes ; car, il faut bien le reconnaître, ces barbares sont mieux mis que nous ; comme les Grecs et les Romains, ils ont adopté le costume le plus commode, et il s'est trouvé que le costume le plus commode est en même temps le plus gracieux. Les climats chauds permettent l'emploi d'étoffes de couleur en harmonie avec la splendeur du ciel et du sol. La sécheresse de l'air conserve les couleurs, et l'éclat du soleil en double le lustre. Dans les climats froids, les tons neutres sont les seuls durables ; les autres s'effacent promptement par l'effet de l'humidité. Le rouge, le jaune paraissent ridicules sous un ciel gris et un soleil blême. Le blanc et le noir sont donc devenus, pour cette raison, notre livrée habituelle. Les Orientaux ne peuvent s'expliquer un pareil choix. Le noir leur fait horreur, à ces fils de la lumière. Ils se demandent si ce n'est pas pour porter sur nous la nuance de notre âme impure que nous nous habillons comme les corbeaux. Ils disent aussi que nous me-

nons un deuil éternel de notre Dieu après l'avoir injuste-
ment mis à mort. En un mot, tout en nous leur parait ab-
surde, incohérent, odieux, et ils n'ont pas toujours tort.
Peut-on regarder sans rire la tournure que nous, donne
notre costume? Peut-on songer sans dégoût à toutes les
entraves que nous mettons au commerce et aux communications entre peuple et peuple?

Les bazars d'Alexandrie sont, comme tous les bazars
d'Orient, des rangées non interrompues de misérables
échoppes dont les toits se joignent ou ne se joignent pas, et
tantôt produisent une obscurité profonde, tantôt laissent
passage à la lumière par quelques solutions de continuité.
Les marchands se tiennent assis sur leur comptoir garni de
nattes; ils attendent les chalands en fumant leurs longues
pipes de bois de cerisier et en se lissant la barbe. Quoique si voisins, rarement ils causent entre eux; mais
quelquefois ils se regardent avec des yeux hébétés. Quand
on pénètre dans un bazar turc, il semble qu'on entre dans
quelque corridor des catacombes de Rome, et on serait
presque tenté de réclamer comme là le secours d'un flam-
beau. D'autres fois je me croyais dans quelque galerie
du musée Tousseau de Londres ou du cabinet d'Histoire
naturelle de Paris. Tous ces musulmans, en habits bariolés,
en barbe noire ou blanche, me faisaient l'effet de figures
de cire qu'on va voir par curiosité, ou de bêtes exo-
tiques habilement empaillées. Cependant deux ou trois
fois ces bêtes nous prouvèrent qu'elles n'étaient pas empaillées et qu'elles pouvaient encore mordre : elles nous
adressèrent des injures et crachèrent où nous avions passé.
Je leur rendis la pareille en épuisant contre eux tout mon
vocabulaire d'imprécations arabes, et ils se turent en gro-
gnant comme l'hyène dans sa cage. Depuis la guerre d'O-
rient, l'insolence des Arabes ne connait plus de bornes. Ils
croient que les chrétiens ont soutenu la Turquie parce que
la grâce de Mahomet les a touchés, et qu'ils ne tarderont
pas à se convertir à la véritable religion. Il y en a qui pré-

tendent même que dans cette guerre, les Français et les Anglais étaient de simples auxiliaires ou plutôt les mercenaires du Sultan, qui disposait d'eux comme de ses propres troupes. De pareilles idées suffisent pour exciter le mépris de ces brutes à tête d'homme. M. Delaporte, consul de France au Caire, me dit un jour une chose qui m'est revenue souvent depuis les événements de Djeddah : « Pour venir à bout de l'islamisme, il faut s'emparer des villes saintes la Mecque et Médine ; la religion du Koran ne survivrait pas à un coup si terrible, et la civilisation européenne serait sauvée des dangers dont la menacent incessamment ces fourmilières de barbares qui peuplent l'Asie, l'Afrique et une partie de l'Europe. L'islamisme est la lèpre du monde : gare qu'elle ne s'étende encore ! »

En attendant, je m'achète des pantoufles rouges et jaunes, un *koufie*, un *hézam*, un burnous, un tarbouch et d'autres articles d'habillement oriental. Je mange des dattes fraîches ou sèches, des bananes délicieuses, du poisson du Nil et de la mer Rouge, du filet de gazelle et d'autres friandises indigènes. Nous prenons un drogman (ce mot dérive de *drogue*, je pense. Qu'en pense l'Académie française ? cette étymologie est de sa force) ; nous prenons un *drogman* qui s'appelle Mohammed et qui possède deux femmes et douze costumes de rechange tout différents les uns des autres. Il se présente chaque jour à nous dans un nouvel accoutrement ; c'est très-beau à voir, mais c'est très-cher. Mohammed trouve qu'il n'a pas assez de femmes ni assez de costumes, et il est en train d'augmenter le nombre de ceux-ci et de celles-là. Il aimerait assez renverser les nombres, et avoir deux costumes et douze femmes. Moi, j'ai toujours trouvé que c'était déjà trop d'une. Mohammed se tient debout derrière nos siéges quand nous dînons, et attentif au moindre geste il prévient nos désirs, qui se multiplient en raison de la facilité que nous avons de les satisfaire. Il nous sert d'interprète, et porte une lanterne devant nous quand nous sortons le soir. Mais cela ne nous arrive pas souvent, car à Alexandrie il n'y a ni réunions ni spectacle. Quant aux concerts, il y en a un qui dure malheureusement toute la nuit et qui empêche les gens de dormir. Ce sont les hurlements sinistres des chiens vagabonds et les aboiements plus sinistres encore des soldats du guet, qui font la ronde et la patrouille pour prêter main-forte aux voleurs, s'il y a lieu.

Mohammed est un bon valet, mais il a un défaut : il n'a pas de mémoire, ce qui est cause qu'il nous fait payer deux fois la même note. Il lui est même arrivé de faire payer trois fois le même objet. Au bout de quelques jours, nous trouvâmes qu'un domestique sans mémoire est chose par trop coûteuse, et nous le renvoyâmes.

Nous visitons les curiosités d'Alexandrie, c'est-à-dire la colonne de Pompée, dans sa solitude ; les deux Aiguilles de Cléopâtre, dont une gît couchée par terre en deux morceaux ; les Catacombes, qui n'étaient sans doute que des carrières ; le jardin d'Ibrahim-Pacha ; le Palais de Saïd-Pacha et le canal dit Mahmoudié. La rive nord de ce canal est bordée d'un côté de villas blanches avec de jolis jardins en fleurs, et de l'autre côté elle est garnie d'acacias d'E-gypte nommés *lebbakh*. Le coup d'œil est varié et agréable. On ne se lasse pas de se promener entre les jardins des villas et ces magnifiques arbres à travers lesquels on aperçoit par delà la rive sud du canal, le lac salé et les campagnes immenses et plates du Delta.

Le lecteur a déjà pu s'apercevoir que je ne parle de l'Egypte qu'avec des larmes dans la voix. Il pourrait croire que je n'aime pas ce pays et que je n'en apprécie pas les mérites. Je tiens à le détromper. La douleur que j'éprouve est le résultat de la comparaison incessante que je fais à part moi entre l'Egypte ancienne et l'Egypte moderne, entre l'état de cette contrée sous les Pharaons et les Ptolémées et cet état sous les chrétiens et les Arabes.

A Alexandrie, je ne cessais de pleurer la ville merveilleuse, la seconde capitale du monde, la métropole de l'étude et du savoir. C'est ici qu'ont chanté les sept poëtes de la pléiade où brillaient Callimaque et Théocrite ; c'est ici qu'ont médité les néo-platoniciens Plotin, Philon, Proclus, Ammonius ; c'est ici qu'ont enseigné les grammairiens Aristarque et Zoïle, l'astronome Eratosthènes, le géomètre Euclide ; c'est ici qu'a déclamé le rhéteur Lucien ; c'est ici qu'ont disputé les théologiens Clément, Athanase, Origène, Cyrille ; c'est ici qu'ont régné les Ptolémées ; c'est ici qu'ont lutté Pompée, César, Marc Antoine ; c'est ici qu'est morte la célèbre Cléopâtre ; c'est ici qu'existaient les plus riches bibliothèques de l'antiquité. — Le christianisme a ramené la barbarie ; les Arabes sont survenus, et, l'épée à la main, ont imposé leur religion et leurs mœurs. Omar brûla la fameuse bibliothèque, mais cet acte sauvage n'a pas la gravité qu'on lui attribue ; depuis longtemps les chrétiens détruisaient les livres en même temps que les statues ; et, d'ailleurs, il existait à Constantinople des collections presqu'aussi importantes. Or, qui en profitait ? Le fanatisme des chrétiens fut plus funeste aux lettres que le fanatisme des Arabes.

Entre toutes les figures qui se pressent autour de moi quand je foule la poussière qui fut Alexandrie, une surtout attire et fixe mon attention : c'est une femme. Elle est jeune, elle est belle ; mais gardez-vous de croire que ce soit Cléopâtre. Elle est reine aussi, mais par la force du génie. Elle s'appelle Hypathie. Elle est la fille du philosophe Théon. Elle enseigne les sciences à la nombreuse jeunesse qui accourt de toute part dans la ville des Ptolémées. Jaloux de l'influence d'Hypathie, l'évêque Cyrille ameute son troupeau contre elle, en la représentant comme le principal obstacle au triomphe définitif du christianisme. Un jour que, modestement voilée, elle se rendait comme d'habitude à son école, des furieux conduits par un licteur l'enlevèrent de son char, la dépouillèrent de ses vêtements, la traînèrent à l'église de *Césarée* et la massacrèrent à coups de pots cassés (an 415). Mais la mort d'Hypathie ne resta pas impunie. Quand les fidèles furent débarrassés de la philosophie qui gênait leur intolérance, quand ils eurent dévoré les restes sanglants de leur chaste victime, ils se mangèrent entre eux. Les églises devinrent des citadelles d'où les troupeaux se battaient les uns contre les autres. La guerre civile et tous les désordres qui en sont la suite durèrent deux siècles entiers. Alors les Arabes vinrent mettre le holà et la paix. Le supplice des assassins d'Hypathie prit une nouvelle forme; l'inexorable Némésis les fit descendre au dernier degré de l'avilissement; elle les condamna à devenir musulmans, et ils le sont encore. C'est ainsi que furent châtiés les bourreaux de la philosophie. Mais ce n'était encore qu'une première expiation.

Une punition non moins éclatante attendait en Occident les détracteurs du génie grec. Ils croyaient posséder la source des lumières dans l'Évangile, mais ils ne tardèrent pas à s'apercevoir que ce livre n'a rien de commun avec la science, et ils durent recourir à Aristote s'ils voulurent savoir quelque chose. Aristote balança pendant des siècles l'autorité de Jésus. Seconde expiation du meurtre d'Hypathie.

Une réaction s'opéra contre ce *païen* d'Aristote. On voulut tâcher de se passer des Grecs et des Latins : on éteignit ces flambeaux et on tâtonna trois siècles dans les ténèbres. La prise de Constantinople et l'apparition des savants byzantins en Occident réveilla le goût des études classiques; la civilisation fut sauvée et Hypathie vengée pour la troisième fois.

Oui, vous aurez beau faire, la civilisation ne nous viendra jamais des Juifs, mais toujours des Grecs. Soyez sages, ne tourmentez pas trop les gens qui pensent; car Hypathie vous regarde et les protége. Hypathie, c'est la raison; Hypathie, c'est la vérité; Hypathie, c'est la liberté d'examen; Hypathie, c'est le progrès; Hypathie, c'est la philosophie. Vous aurez beau étendre l'ombre d'un gibet sur le monde, Hypathie luira toujours au-dessus.

De l'immense travail intellectuel dont Alexandrie a été

le laboratoire sont sorties deux puissances nouvelles : le néoplatonisme et la théologie. Les néoplatoniciens et les théologiens d'Alexandrie ont formulé le christianisme et constitué le dogme de la Trinité, dont le germe se trouve dans un dialogue de Platon. L'Evangile, attribué à saint Jean, fut l'expression de cette nouvelle phase de la doctrine de Jésus. Il fut rédigé expressément pour attirer à la foi nouvelle les adeptes du platonisme.

Dans son excellent ouvrage sur l'*Ecole d'Alexandrie*, M. Vacherot s'exprime en ces termes :

« L'école d'Alexandrie, ou le Musée, ne doit pas être
» confondue avec l'école philosophique qui porte le même
» nom. Le Musée, dont la fondation remonte, à ce qu'il
» semble, au premier des Lagides, comprenait toutes les
» sciences connues et tous les exercices de la pensée : phi-
» losophie, mathématiques, physique, médecine, philolo-
» gie, littérature. Toutes les écoles grecques y coexistaient
» et y travaillaient, chacune dans le sens de ses principes
» et de ses traditions. C'était, en un mot, un véritable Ins-
» titut et non une école. Un même esprit, une même pen-
» sée générale ne servait point de centre à ces directions
» diverses. Le seul caractère commun aux écoles qui com-
» posaient cette grande société littéraire et scientifique,
» c'est qu'elles avaient toutes apporté et conservaient reli-
» gieusement l'esprit grec au milieu d'une ville orientale.
» Il est à remarquer que le Musée demeura toujours fidèle
» à son origine et ne se laissa jamais absorber par les
» écoles d'origine orientale, avec lesquelles il eut de
» nombreuses communications. Non-seulement l'école
» d'Alexandrie n'est pas tout le *Musée*, mais elle necom-
» prend même pas les écoles philosophiques qui s'y trou-
» vaient réunies. Ces écoles représentaient presque toutes
» les directions du mouvement philosophique qui avait
» commencé à Thalès et fini à Zénon : le pythagorisme,
» le platonisme, le péripatétisme, le pyrrhonisme et le
» stoïcisme.....

» Sans doute Ammonius Saccas n'est pas le premier
» philosophe chez lequel se rencontre cet esprit de conci-
» liation entre les principales doctrines de la philosophie
» grecque, qui caractérise la philosophie d'Ammonius.
» Plutarque, Alcinoüs, Philon, etc., avaient déjà essayé
» de mêler, sinon d'accorder les diverses doctrines, soit
» philosophiques, soit religieuses. »

« Le système du néoplatonisme était basé sur la doctrine
» de l'émanation, d'après laquelle tous les êtres doivent re-
» tourner à Dieu dont ils émanent. Dans ce système, le sage
» peut, dès cette vie, parvenir à l'intuition de la divinité, but
» le plus élevé de la philosophie. Cette école admettait l'exis-
» tence d'une classe de démons ou esprits d'un ordre infé-
» rieur, médiateurs entre Dieu et l'homme. Les pères de
» l'Eglise des deux premiers siècles furent presque tous for-
» més à l'école d'Aléxandrie. »

Dans la doctrine de Plotin et de Proclus, tout sort de
Dieu par une expansion nécessaire; tout y rentre par une
concentration également nécessaire. L'univers entier est un
système d'hypostases plus ou moins immédiatement divines,
qui descendent et montent sans cesse, parcourant l'inter-
valle immense qui sépare Dieu du néant. La matière elle-
même est encore une émanation, une dernière hypostase de
la nature divine. L'optimisme alexandrin explique, com-
mente, admire toutes les parties, tous les êtres de l'univers,
et ne voit que des degrés dans la perfection, là où d'autres
doctrines ne trouvent que mal et misère; il aime à répéter,
avec la sagesse antique, qu'il n'y a rien de vil dans la maison de Jupiter. A ses yeux, le monde est parfait, nécessaire,
éternel.

L'âme, par une pure intuition, atteint la vérité, la voit
de ses propres yeux, pour ainsi dire. C'est ce qu'entend
Aristote, lorsqu'il définit l'intelligence, la *faculté de définition*. L'acte intellectuel ou pensée n'est pas une simple no-
tion de l'accident et de l'apparent, il atteint l'être et l'essence,
il est la conception persistante et uniforme de l'uni-

versel. C'est cette faculté qui constitue le suprême degré de la *science* : la philosophie, par rapport à laquelle les autres opérations intellectuelles, *raisonnement, analyse, synthèse, division, classification*, ne sont que des instruments. Mais si toute science finit à la philosophie, là ne s'arrête point l'essor de l'âme. Au delà de l'intuition de l'universel, est la contemplation pure et silencieuse de l'intelligible, l'enthousiasme, qui ravit l'âme en Dieu. La philosophie est donc l'intermédiaire placé à égale distance de la sensation et de la contemplation, par lequel l'âme arrive au souverain bien. Quant à la valeur et à la portée de la science philosophique, Proclus ne se fait aucune illusion à ce sujet. La science et la vérité peuvent être notre partage ici-bas; notre âme apporte avec elle, en descendant de son premier séjour, une science qui tient à la partie la plus sublime de son être, mais nous ne saurions voir la vérité dans tout son éclat, ni la posséder dans toute sa plénitude. La vérité première, la vérité pure est en Dieu seul; notre science n'est qu'un pâle reflet de la sagesse divine.

Telle est, selon Proclus, la nature et la portée de la philosophie; la science suprême n'est appelée philosophie qu'autant qu'on la considère par rapport au but vers lequel elle conduit l'âme; considérée en elle-même, et dans les procédés qu'elle emploie, elle se nomme la dialectique. Les procédés de la dialectique sont au nombre de quatre : la définition, la division, la démonstration, l'analyse.

L'hellénisme était épuisé : les philosophes platoniciens et le sceptique Lucien lui donnèrent le coup de grâce. Le christianisme s'élança triomphant des cendres de son rival abattu. Il apporta au monde un sentiment nouveau, l'*ennui*. L'hellénisme était l'optimisme; le christianisme est le système contraire, c'est-à-dire, le pessimisme. Les dieux de l'Olympe étaient gras; les dieux du Paradis sont maigres. L'hellénisme était la religion de la vie, le christianisme est la religion de la mort.

La langue française a plus d'esprit que la nation qui la

parle. Entre autres mots charmants, je vous recommande celui-ci. Vous savez ce que signifie *crédule*; vous savez également ce que signifie *incrédule*; *incrédule* est le contraire de *crédule*. Quand quelqu'un vous appelle *incrédule*, appelez-le *crédule* et il se taira. Les hommes en effet se divisent en *crédules* et en *incrédules* : les incrédules sont les gens d'esprit et de sens, les savants, les penseurs, les philosophes; les crédules sont les autres.

La tolérance est ancienne, l'intolérance est moderne : les Grecs toléraient toutes les sectes. Les Athéniens laissaient le champ libre à toutes les opinions, à tous les systèmes. Tranquillement assis sur les marches de leurs temples, ils assistaient avec intérêt à ces joûtes d'esprit qui constituent la vie intellectuelle; ils applaudissaient les vainqueurs et ils plaignaient les vaincus. Chez les modernes, la pensée est aussi esclave que le corps. Parce qu'une secte judaïque a proclamé qu'elle avait trouvé la vérité, il n'est plus permis de la chercher. La vile multitude est, comme toujours, du côté des promoteurs de l'ignorance.

Si les modernes ont peu gagné sous le rapport de la liberté intellectuelle, ont-ils beaucoup gagné sous le rapport du bien-être et de l'hygiène? Je vois que les villes anciennes étaient bâties sur un plan régulier; que les maisons étaient petites et conséquemment commodes et indépendantes; je vois partout des canaux pour l'écoulement des impuretés; partout des aqueducs et des fontaines qui fournissent une eau salubre et claire; partout des écoles, des bains, des thermes, pour le développement des forces spirituelles et des forces corporelles. Jusqu'au xvi⁰ siècle, c'est-à-dire, jusqu'au renouvellement des études classiques, l'Europe a manqué de tout cela. L'Europe s'occupait du Saint-Sépulcre et du Paradis, et reculait, autant qu'il était en elle, l'époque où le génie humain devait inventer, sous l'influence de la philosophie, la boussole, la typographie, les chemins de fer.

Un des traits qui distinguent particulièrement les anciens des modernes, c'est que les anciens étaient propres et que les modernes sont sales. Les anciens se baignaient tous les jours ; ils appelaient cela *se laver ;* les modernes se lavent une fois par an ; ils appellent cela se baigner. Dans les langues modernes, *se laver* se dit seulement des mains et du visage ; on ne *lave* jamais les autres parties du corps ; *on les baigne,* mais une fois par an seulement. Chez les anciens, les bains étaient une précaution hygiénique quotidienne, une simple opération de toilette ; chez les modernes, ils sont un moyen thérapeutique dont on n'use que dans les cas graves. Il s'ensuit que les modernes sont sales, tandis que les anciens étaient propres. C'est au christianisme qu'est due cette révolution hygiénique. Les prêtres défendaient aux fidèles de se toucher et de se regarder ; le corps devait toujours rester couvert. Les fidèles détruisirent toutes les statues, parce qu'elles étaient nues ; ils démolirent tous les thermes, parce qu'on s'y livrait aux abominations de la natation, de l'ablution et de la lutte. Ils montrèrent encore plus d'acharnement contre les thermes que contre les temples mêmes ; ils conservèrent quelques temples intacts, mais pas un seul établissement de bains n'échappa à leur fureur : cela s'appelait civiliser le monde. Cet état de choses dura quatorze siècles. Le monde retomba dans la stupidité et la crasse. Enfin, un beau jour on déterra à Porto d'Anzio l'Apollon qu'on a surnommé du Belvéder. Dès lors, on se mit à étudier le dessin et on rechercha la beauté des formes. Les anciens étaient plus sains que les modernes, parce qu'ils étaient plus propres ; et ils étaient plus beaux que les modernes, parce qu'ils étaient plus artistes.

Je me mets à interpeller, en guise de leçon d'arabe, tous les fellahs que je rencontre, et par ce moyen je recueille de précieux renseignements sur leur condition et sur celle de l'Egypte. La langue arabe n'a jamais fait mes délices. J'en trouve la formation admirable, mais je n'en puis supporter la littérature. Quand on a bu aux sources pures d'Egérie et de Castalie, il est difficile de s'accoutumer à cette eau saumâtre et bourbeuse qui nous vient des déserts de Bassora et du Caire. A l'exception des *Mille et une Nuits* et des *Macames* de Hariri, je ne vois pas, dans toute la littérature arabe, un livre qui ait un mérite réel par la forme et par le fond. Les livres arabes n'ont qu'un intérêt historique et ethnographique ; ils servent à nous faire connaître les mœurs, les usages des nations musulmanes, mais ils ne nous offrent aucun modèle à imiter ; ils ne peuvent exercer une influence salutaire sur notre goût : ils ne pourraient que le corrompre. Ainsi, étudions la langue arabe pour converser avec les indigènes et pour prendre une idée de leurs écrits ; mais n'oublions pas que c'est la langue de la barbarie.

Comment la littérature arabe aurait-elle quelque prix ? La femme en est bannie, la femme qui est l'âme de la nature et de la poésie. Sans Briséis, Andromaque, Hélène, Pénélope, Nausicaa, Circé, l'*Iliade* et l'*Odyssée* n'existeraient pas. Supprimez Angélique, Alcine, Bradamante, Olympe et Fiammetta, adieu le poëme de l'Arioste. Supprimez Eve, plus de *Paradis perdu;* Enfin que deviendraient les drames de Sophocle, Euripide, Shakespeare, Corneille, Racine, sans Antigone, Iphigénie, Juliette, Chimène, Roxane ? C'est à peine si le poëte musulman peut faire une allusion lointaine aux femmes. Il lui est défendu de les nommer dans ses vers. Quand il adresse des vers à une femme, il doit faire croire qu'il s'agit d'un garçon. Afin qu'on lui pardonne d'aimer une femme, il doit se faire passer pour un Adrien.

Nous prenons à Alexandrie un avant-goût de toutes les singularités orientales que nous retrouverons au Caire sur une plus large échelle. Ainsi, les femmes arabes dans leur sac noir surmonté d'une espèce de housse de toile, semblables à des guérites ambulantes avec une petite lucarne grillée. Elles ont l'air de regarder par la visière d'un casque ou par les barreaux d'une croisée. Leur costume même rappelle leur condition, Elles sont prisonnières dans leur habillement comme dans une geôle portative. Pauvres femmes que le législateur oriental réduit à la condition d'animal domestique; pauvres créatures, que l'on vend et achète comme des pièces de bétail! Et cela pourquoi? Évidemment par suite de la jalousie de l'homme. Un homme peut être facilement fidèle à sa femme; une femme est difficilement fidèle à son mari. La nature l'a voulu ainsi. Pour forcer la nature, on a inventé les ceintures de chasteté et les harems. En Europe aussi la femme est esclave; mais au moins chaque mari n'en a qu'une, qu'il peut rendre heureuse; en Orient, chaque mari en a plusieurs, qu'il néglige et qu'il prétend garder pour lui tout seul. A cet effet, il les enferme dans une cage et les met sous la surveillance des eunuques. Au reste, les Musulmans sont assez conséquents, ils tiennent la femme en chartre privée; mais du moins ils lui donnent une éducation en harmonie avec sa destinée sociale; en Turquie on n'élève pas les femmes, on les *dresse*.

Les cafés sont au nombre des curiosités des villes orientales. On appelle café un bouge infect, garni extérieurement de quatre ou cinq bancs boiteux, sur lesquels s'accroupissent les consommateurs; ceux-ci sont ordinairement des marchands, des marins, des soldats habillés de bleu, de jaune, de rouge et armés de longues pipes. Un valet, les jambes nues, va et vient sans cesse apportant des tasses de café que l'on vide au fur et à mesure et qu'il remporte aussitôt. Les tasses ne sont pas plus grandes que des moitiés de coquilles d'œuf; et le café est épais comme du chocolat, car on ne le passe pas et on boit l'infusion avec toute la poudre, ce qui fait à mon avis une boisson extrêmement agréable. Les Arabes qui garnissent les bancs offrent un spectacle des plus intéressants. Leur silence, leur immobilité ont quelque chose de fantastique : on ne croirait pas que ce sont là des êtres pensants. Voici donc, me disais-je, les habitants d'Alexandrie, de cette ville renommée pour sa turbulence et sa gaîté ! En Egypte, comme partout ailleurs, se font sentir les effets de la lutte entre la minorité éclairée et la majorité ignare. En réalité, c'est la minorité qui gouverne ; mais c'est la majorité qui règne. La majorité sourde, aveugle mais forte, compacte, brutale, qui renverse, anéantit en dix minutes ce que la minorité a mis dix siècles à édifier ! Qui a fait faire à l'humanité tous les progrès que vous savez ? La minorité. Qui a entravé, annulé, combattu ces progrès ? La majorité. Qui aujourd'hui encore refait péniblement l'œuvre de la civilisation effacée par la barbarie du moyen âge ? La minorité. Qui s'oppose énergiquement à cette palingénésie, à ce perfectionnement ? La majorité. Qui aujourd'hui reconstruit Paris et refait la moitié des villes de France ? Un seul homme. Les masses populaires et les assemblées nationales eussent reculé devant une pareille tâche. A qui les nations doivent-elles leur gloire ? A quelques individus : à Périclès, à Auguste, à Laurent de Médicis, à Léon X, à Louis XIV, à Louis XVIII. Je parle de la gloire littéraire et artistique et non pas de la gloire militaire ; la gloire militaire n'est qu'une autre forme de la barbarie, car c'est la gloire de la majorité. A qui doit-on les grandes découvertes et les grandes inventions ? A quelques individus : à Minerve, à Prométhée, à Vulcain, à Archimède, à Guttemberg, à Colomb, à Fulton, à Watt, à Morse. Quels sont les auteurs des grandes révolutions morales et politiques ? quelques penseurs honnis et persécutés par la vile multitude : Thot, Moïse, Zoroastre, Socrate, Jésus, Mahomet, Rousseau.

Ces minorités intelligentes qui sont le sel de l'univers, on ne les rencontre que dans les grandes capitales européennes, et particulièrement à Paris et à Londres. Partout ailleurs, on ne trouve que le troupeau humain qui naît, végète et meurt comme le troupeau de bétail. A la vue de ce spectacle, le penseur qui n'est pas misanthrope, le devient. On a honte d'être homme quand on vit au milieu de ces hordes de sauvages qui n'ont d'hommes que l'apparence.

Les gens instruits de notre Europe se déchaînent parfois contre la stupidité des bourgeois exclusivement absorbés par les intérêts matériels, et trop souvent indifférents à tout ce qui est intellectuel et artistique; leurs plaintes ne sont pas tout à fait dépourvues de fondement spirituel. Mais qu'ils viennent en Orient, et la brutalité de la majorité dans ce pays, les réconciliera bien vite avec le bourgeois européen, qui après tout est un bon diable susceptible de sentir les belles choses, tandis que l'Oriental, riche ou pauvre, puissant ou plébéien, est inaccessible à toute espèce de culture.

D'ailleurs, troupeau ici, troupeau là-bas, tout est troupeau. Je baisse la tête devant la puissance du nombre et je me borne à lui adresser ces vers :

Diogène, ta lanterne
Brille en vain, je t'en réponds.
Devant vous je me prosterne
Imbéciles et fripons.
La fortune vous seconde ;
Vous régnez sur terre, aux cieux,
Et vous êtes de ce monde
Les arbitres et les dieux.

Têtes vides
Cœurs avides
Niais, filous,
Sots et fous.
Gloire à vous.

Je vous rends un franc hommage
Je vous vante en prose en vers
Et j'honore en vous l'image
De l'auteur de l'univers.
Seulement, je vous invite
A vouloir me laisser coi.
Ainsi que je vous évite
Rois du monde, évitez-moi.

Têtes vides, etc.

En parcourant Alexandrie, je pensais souvent à mon

excellent ami, M. Drovetti, ancien consul de France en Egypte, et auteur de la fameuse collection d'antiquités, qui fut refusée par Charles X et que le roi de Sardaigne acheta pour le Musée de Turin dont elle est un des principaux trésors. Drovetti était le type du gentleman et de l'honnête homme; affable, enjoué, franc comme sont en général les Italiens de bonne compagnie, Drovetti était tout à fait exempt de cette morgue, de ce pédantisme qui distingue le fonctionnaire français. Il avait formé la plus belle collection d'antiquités égyptiennes qui existe et il n'en parlait presque jamais, ou, quand il le faisait, c'était avec cette modestie et ce tact qui sont le propre des gens bien élevés. Enfin, il différait en ceci des collecteurs modernes, qu'il n'avait travaillé ni pour l'honneur ni pour l'argent, mais pour le plaisir, si doux aux âmes bien nées, d'être utile à la science et à l'humanité.

Puisque je suis en train de mentionner mes amis d'Alexandrie, je dois citer le comte Scopoli de Vérone, homme aimable et poëte élégant dont la société m'a été bien agréable pendant ce court séjour. Nous n'avons pas manqué, vous le pensez bien, lecteur, d'échanger quelques vers. Podhorski lui ayant adressé un exemplaire de mes sonnets italiens, voici en quels termes le comte Scopoli m'annonça cet envoi :

Oh dell' altera Gallia inclita prole
Cui fur l'itale Muse amiche tanto
Che mentre ascolto de tuoi carmi il pianto
Io figlio ti direi del nostro sole.
Dell' Arno in riva il metro e le parole
Certo apprendeste e la magia del canto.
Ben se' gentil se accresci a Italia vanto
Quando avvien ch' altri ogni sua gloria invole.
E in cor scende il tuo canto o le obliate
Tombe conforti di mesta armonia
O amor l'ispiri o filial pietate.
A me che l'odo per arcana via
Vien come un eco un suon di note usate
Quasi un profumo della patria mia

Voici ma réponse :

Tuo carme attinto alla chiora onda ascrea
Mi vien qual stilla di rugiada al fiore
Che illanguidito il capo inclina e muore
Orbo di quell' umor che tutto crea.
Dunque tu pure imprechi all' empia e rea
Età che sprezza il dolce ascreo liquore,
Che follie dice gli impeti del cuore,
Mercurio cole e in bando scaccia Astrea.

Desta dal lungo sonno il sacro carme,
E il secol tristo in laido manto avvolto
Combatti, orate, chè anche il plettro e un arme.
Combatti il mondo avaro, ingrato e stolto;
Cessò la Musa, oimè! di tutelarme;
Togli la cetra e canta; io taccio e ascolto.

Telles sont les deux personnes dont Alexandrie me rap‑
pelle le souvenir. Malheureusement, Drovetti a entrepris
depuis dix ans, le grand pèlerinage des âmes, et à l'heure
présente, il repose dans la gloire d'Osiris et jouit de toutes
les béatitudes réservées aux sages dans l'Amentis. Le comte
Scopoli fait toujours les délices de ses amis. Puisse Osiris
nous le conserver longtemps encore !

Vous comprendrez aisément, lecteur, que j'aie eu du plai‑
sir à rencontrer un lettré dans une ville ignorante, où la
société ne se compose que de marchands de coton et de
joueurs de whist.

La distance d'Alexandrie au Caire se parcourt en chemin
de fer dans l'espace de huit heures. Mais très-souvent, on
met douze heures, soit par suite de quelque accident, soit
parce que le Pacha a eu besoin de wagons pour son usage
particulier. Le pays que nous traversons est si plat, que
vous pourriez vous croire en Hollande, si de temps à autre
une file de chameaux, un bouquet de palmiers, un village
en terre cuite ne vous rappelait que vous êtes en Orient.
Pendant que la vapeur nous entraîne, je rêve au désert et
aux caravanes qui y périssent, et j'ébauche la pièce suivante :

Avec grande pompe
Mille pèlerins
Au son de la trompe
Et des tambourins
Ont suivi la fête
Du pieux prophète
A qui Dieu parla,
Et quittent l'enceinte
De la ville sainte
En criant Allah.

Les chameaux s'élancent
Et dans l'air balancent
De gais palanquins
Remplis de négresses
Portant dans leurs tresses
Des flots de sequins.
La terre frissonne ;
Le ciel bleu résonne
Au bruyant concert
De la multitude
Dans la solitude
Du vaste désert.

Il vient à l'oreille
Du simoun puissant,
Le simoun s'éveille
Sombre et menaçant.

« Qui chante, qui pleure,
» Hommes ou troupeaux?
» Qui vient à cette heure
» Troubler mon repos?

» Ah! si je me fâche
» Vous mourrez d'horreur!
» Le plus brave est lâche
» Devant ma fureur.
«Palmiers et platanes
» Sont anéantis;
» Et les caravanes
» Je les engloutis

A peine il achève,
Le sable se lève
Ainsi qu'une tour,
S'étend, se déroule
Et sur cette foule
Fond comme un vautour.

L'immense savane
Sous ce ciel si beau
De la caravane
Devient le tombeau.

Malgré sa monotonie, cette terre a sa beauté. Les plus humbles villages offrent parfois des scènes qui sont des tableaux. La rive du Nil, garnie de ruines antiques, de cabanes de jonc, forme le premier plan. Au fond, c'est le désert rougeâtre, aride, nu ; puis, le ciel de saphir. Les personnages de cette scène n'ont pas moins de caractère que la nature qui les encadre. Un turc assis sur un tronçon de colonne, fume tranquillement son chibouk, dont la vapeur flotte en boucle d'azur au-dessus de son turban ; un aveugle marche à tâtons parmi des tombeaux dégradés ; des femmes voilées reviennent de la fontaine, la tête couronnée d'une amphore d'argile ; une mère accroupie sur le seuil de sa porte fait sauter son nourrisson dans ses bras ; des Santons adossés tout nus au parvis d'une mosquée, les coudes appuyés sur leurs genoux et le menton caché dans leurs mains, attendent l'aumône des fidèles, mais ne la demandent pas ; plus loin, des chameaux broutent les feuilles d'un sycomore ou s'abreuvent à une mare d'eau ; d'autres, se couchent à plat ventre sur le sable et y étendent leur long cou pour dormir. Enfin, l'air aussi a ses scènes pittoresques : tantôt, une cigogne tenant au bec une couleuvre, vole vers la pointe d'un minaret où elle a son nid ; tantôt, un épervier fond des régions les plus élevées du ciel sur un pigeon timide qu'il saisit dans ses serres et qu'il emporte tout palpitant et tout ensanglanté.

Louis DELATRE.

# LA DOCTRINE DE L'AMOUR

ou

# TAJ-ULMULUK ET BAKAWALI [1]

## ROMAN DE PHILOSOPHIE RELIGIEUSE

4e article. — *Voir les numéros d'Avril, Mai et Juin 1858.*

---

## CHAPITRE XI.

Selon le désir du ministre, le préfet de police se mit donc en route pour le *Mulk-Nigarin,* c'est-à-dire le domaine merveilleux de Taj-ulmuluk, précédé d'une avant-garde et entouré de cavaliers. Lorsqu'on se fut un peu avancé dans le chemin, les gens de l'avant-garde poussèrent des cris, parce qu'ils voyaient dans cette forêt un feu dont les flammes allaient jusqu'au ciel. Cependant les cavaliers avancèrent encore; mais ils ne tardèrent pas de voir la terre d'or qu'on avait annoncée et le château enrichi de pierreries. Ils se convainquirent alors que ce qu'on avait pris pour du feu n'était que le château même, et que les flammes qu'on avait cru apercevoir n'étaient que son éclat.

[1] Il s'est glissé une erreur dans le titre du *Roman hindoustani* publié dans nos nos d'avril, mai et juin. Au lieu de *La Doctrine de l'Amour, ou Zaïn-Ulmuluk et Bakawali,* lisez :
*La Doctrine de l'Amour ou Taj-Ulmuluk et Bakawali.*

# L'ÉGYPTE EN 1858 [1].

## III.

Nous passons deux bras du Nil, le premier sur un pont,
le second sur un bateau à vapeur qui fait le service entre les
deux rives, en attendant que le pont soit achevé. Le cours
du Nil n'a rien d'extraordinaire; mais le seul son de ce mot
*Nil*, la seule idée qu'on voit ces flots célèbres, remplissent
l'âme d'enthousiasme et l'imagination de souvenirs. Le
Nil, ce fleuve mystérieux dont après tant de siècles, la
source est encore inconnue; le Nil, ce fleuve sacré dont les
inondations sont régulières comme les révolutions des
astres, dont les dévastations sont un bienfait; ce fleuve
qui submerge l'Égypte, afin de la nourrir; qui suffirait à
confirmer la croyance des anciens que les fleuves sont des
dieux; le voilà à nos pieds roulant ses eaux verdâtres et
troubles parsemées de canges et de caïques. Le voilà ce
fleuve prodigieux qui étend ses ondes comme un manteau sur
la nudité du désert, ou comme des ailes maternelles et fé-
condantes qui couvent pendant trois mois cette terre inerte
et font éclore de son sein tous les trésors de Flore, de Po-
mone et de Cérès. Je m'incline devant sa majesté, et, faisant
du creux de ma main une coupe, je bois quelques gouttes
de son onde salutaire.

Νεῖλος est un mot purement grec, comme la plupart des
mots relatifs aux choses de l'Égypte. Il a toute l'apparence
d'un adjectif dérivant du verbe νέω, couler. Il est né de νέω,
comme δειλός (peureux), de δέω (craindre); il signifie *cou-*

<hr>

[1] 3ᵉ article. Voir les numéros de juillet et août.

*lant,* comme δειλός, *craignant.* Le mot νεῖλος, en outre, a pu signifier *bleu,* comme son congénère sanscrit *nîlas;* mais, après avoir vu le fleuve lui-même, je penche plutôt pour le sens de *coulant, rapide,* que pour celui de *bleu,* car la couleur de ses eaux n'a rien de commun avec celle du ciel.

Nous dînons à Afteh dans une affreuse baraque bâtie sur la berge du Nil et qu'on intitule le *Restaurant.* Le dîner, quoique très-cher, n'est pas trop mauvais. Nous arrivos au Caire à la nuit close, par un beau clair de lune ; nous nous hissons dans un fiacre qui nous mène à l'hôtel Coulomb, en passant sous les grands *lebbakh* d'une promenade publique, appelée l'Ezbeki. Le premier aspect d'une ville nouvelle a toujours quelque chose d'attrayant, comme tout ce qui est nouveau. L'imagination aidant, on peut voir tout en beau ; on peut supposer tout ce qui n'est pas ; les plus vilaines masures semblent des kiosques élégants, car on ne reconnaît pas la nature des matériaux ; on n'aperçoit que les lignes et les masses. Et quand c'est au clair de la lune que ce premier abouchement a lieu, l'illusion est complète. La lune adoucit toutes les aspérités, efface toutes les duretés de forme et de couleur, répand sur les objets une teinte veloutée, nacrée, qui les fait ressembler à des fantômes de vapeurs qu'un coup de vent peut dissiper. La douceur de la température tout à fait printanière, quoique ce jour soit le 25ᵉ du mois de novembre, complète le charme en nous inspirant un sentiment de bien-être qui tient de près à la volupté. C'est une soirée telle que celles des Champs-Élysées décrites par les poëtes, et sans doute qu'en se rendant sous les ombrages de l'Ezbeki, on y rencontrerait des processions d'âmes errantes et bienheureuses.

Nous descendons à l'hôtel d'Orient, tenu par un Français, M. Coulomb. C'est une grande bâtisse à deux étages, située vis-à-vis de la promenade de l'Ezbeki ; sa longue façade blanche à la chaux reluit au clair de lune à travers la verdure sombre des ombres.

Je saute à bas de la voiture, j'entre dans la porte co-chère où j'entends une voix connue qui m'appelle par mon nom.

La première personne que je rencontre au Caire est une personne de connaissance, et précisément Mariette. C'est de bon augure pour un voyage en Égypte.

Il allait partir le soir même pour Abydos, où le pacha lui avait fait entreprendre des fouilles en l'honneur du prince Napoléon.

A peine nous sommes-nous dit bonjour qu'il faut nous dire adieu.

Je souhaite au courageux investigateur une chance égale à celle qui lui a fait retrouver un des temples de Memphis. Il part avec Brugsch, l'auteur de la *Grammaire démotique*, et M. Durand de Villemonde, amateur distingué.

Le lendemain matin, je monte sur la terrasse de l'hôtel d'Orient. De là on embrasse tout le Caire et ses environs. A droite la chaîne aride du Mokattam, à gauche Boulak et les plaines du Delta, au milieu les Pyramides ; puis tout autour de moi une forêt de minarets et de tours. A l'extré-mité de la ville s'élève sur une hauteur une mosquée plus vaste que toutes les autres ; c'est la mosquée de Méhémet-Aly, bâtie sur le sommet de la colline de la citadelle.

A peine installé dans l'hôtel Coulomb, je m'informe de deux choses essentielles : du nom des étrangers qui doi-vent passer l'hiver au Caire et de l'adresse de Rifaat-Bey, le directeur des écoles arabes.

Parmi les dames étrangères nouvellement arrivées, une seule jouit d'une grande réputation de beauté. C'est la prin-cesse X..., qui demeure à l'*Hôtel des Pyramides*. Nous lui envoyons nos cartes et lui proposons de faire avec nous le voyage de Thèbes. Elle répond qu'elle ne compte pas quit-ter le Caire de cet hiver, par conséquent elle nous remer-cie de la proposition de voyage, mais elle nous invite à lui rendre visite.

En attendant, je vais voir M. Delaporte, le consul de

France. La maison de M. Delaporte renferme la répétition de la collection ethnographique, donnée par lui au Musée du Louvre. Cette collection consiste en articles d'habillements et en ustensiles de ménage des nègres du Soudan.

Rifaat-Bey habite une petite maison de campagne, située à dix minutes de l'Ezbeki, sur la route de Choubra ; Rifaat-Bey est un petit homme d'une cinquantaine d'années, ses yeux pétillants préviennent en faveur de son esprit. L'exiguïté de sa taille, comme il l'observe lui-même avec une bonne humeur charmante, lui a nui en plus d'une occasion dans un pays où l'on estime les gens, non en raison de leur valeur morale, mais en raison de leur grandeur physique et de leur embonpoint.

Rifaat-Bey appartient à une de ces familles féodales que Méhémet-Aly dépouilla de tous leurs biens et fit passer de la condition de seigneurs à celle de serfs. Mais si Méhémet lui ravit sa fortune, il lui donna en échange l'instruction plus précieuse que l'or. Le jeune Rifaat étudia la langue arabe et la théologie dans la mosquée d'El-Azhar au Caire, et se distingua tellement dans l'une et dans l'autre de ces branches que d'élève il devint bientôt professeur. Lorsqu'en 1829, Méhémet-Aly résolut d'envoyer en France un certain nombre de jeunes Égyptiens pour étudier les sciences et les arts de l'Europe, Rifaat fut choisi pour les accompagner en qualité de prédicateur. Il suivit les cours de la Sorbonne et du Collège de France, et se lia très-étroitement avec MM. Jomard, Sylvestre de Sacy, Caussin de Perceval, Garcin de Tassy, Reinaud, et d'autres orientalistes éminents. A son retour en Égypte Rifaat-Bey fut chargé de plusieurs cours à l'École de Médecine, et deux ans après il fut nommé directeur de l'Ecole des langues et inspecteur de l'École des princes. Pendant tout ce temps, il consacrait ses loisirs à traduire en arabe nos meilleurs ouvrages scientifiques, à l'usage de ses élèves. Le nombre des ouvrages traduits par lui s'élève à une trentaine, qui ont été imprimés à l'imprimerie de Boulak, fondée par Méhémet-Aly. Le plus important de ses écrits originaux est la relation de son voyage en France, où nos mœurs et nos usages sont jugés avec assez d'impartialité et où la révolution de juillet se trouve racontée et expliquée avec une très-grande justesse de vue.

En 1852, toutes les écoles furent supprimées par Abbas-Pacha, l'indigne successeur de Méhémet-Aly, et Rifaat fut envoyé en exil dans le Soudan. Mais on colora cet acte barbare du titre spécieux de mission. Rifaat était chargé de fonder des écoles dans ce pays à moitié sauvage. Il y resta jusqu'à l'avénement de Saïd-Pacha, qui rétablit les écoles et rappela les professeurs. Quelques-uns de ces infortunés, privés de la paye qui faisait leur seule ressource, s'étaient adonnés pour gagner leur vie à des travaux manuels ; les uns s'étaient faits tailleurs, les autres cordonniers, d'autres domestiques. Un tel exemple, on en conviendra, n'a pas dû encourager les Égyptiens à embrasser la carrière des lettres.

Rifaat-Bey me fait asseoir à côté de lui sur son divan, m'offre une pipe et le café d'usage, me parle de ses amis de Paris, puis me donne sur sa personne les détails biographiques que je viens de reproduire. En nous quittant, nous prenons jour pour aller ensemble à l'École militaire, qui remplace l'ancienne École des langues.

Un beau matin, on vient m'annoncer que Rifaat-Bey m'attend, à cheval, à la porte de l'hôtel. J'enfourche un âne et nous partons. Nous traversons les rues étroites et populeuses du Mouzki (le quartier franc), les unes couvertes d'une toiture grossière qui les garantit du soleil, les autres ornées de la plus belle des tentures : un ciel limpide et bleu comme le saphir. Nous grimpons la côte qui mène à la citadelle et nous arrivons devant un grand bâtiment badigeonné en blanc. C'est le local de l'École.

L'École militaire se compose de cinq classes. Les branches qu'on y enseigne sont : la langue arabe, la langue turque, la persane, la française, l'allemande et l'anglaise, la géométrie, l'algèbre et la tenue des livres. Les élèves, au nombre de 240, sont vêtus, logés, nourris aux frais de l'établissement. Y sont admissibles tous les jeunes musulmans de 12 à 18 ans sachant lire et écrire. Tous les maîtres sont Arabes ou Turcs, et l'un des plus distingués est le maître de langue française, Ramadhan-Bey.

Rifaat-Bey me conduit successivement dans toutes les classes. Un ordre parfait y règne. J'interroge quelques élèves sur le français, l'anglais, l'allemand; ils répondent à mes questions d'une manière très-suffisante. Je leur dicte quelques phrases dans ces différentes langues; ils les écrivent sans la moindre faute [1].

Mon impression est que cette Ecole portera ses fruits, et que les élèves qui en sortent peuvent rendre des services à leur pays. Malheureusement je crois qu'il n'en sera pas de même de l'Ecole de médecine, dont je vous entretiendrai tout à l'heure, car trop de préjugés religieux et nationaux s'opposent à ce que les musulmans s'appliquent avec succès aux sciences médicales. Dans tous les cas, la situation florissante de l'Ecole militaire est due exclusivement à la persévérance de Rifaat-Bey. Il ne la perd pas de vue un instant; il ne cesse de stimuler le zèle des professeurs et des élèves. Dans les écoles comme dans les fabriques, tout dépend d'une ferme et sage direction.

Notre tournée finie, nous allons nous reposer sur les divans de la salle du conseil. Rifaat-Bey fait appeler deux fils du pacha, qui sont à l'Ecole depuis six mois, et qui déjà lisent correctement le français et commencent à le parler.

---

[1] Huit traducteurs sont attachés à l'Ecole militaire pour traduire tous les ouvrages utiles à l'instruction des élèves. Voici la liste des ouvrages qu'on traduit actuellement :

Le troisième volume des *Vies des hommes illustres* de Plutarque ; l'*Histoire de Napoléon*, par Léonard Gallois; le *Discours sur les révolutions de la surface du globe*, par Georges Cuvier; les *Mémoires de Jules César*, traduits par Artaud; le *Cours élémentaire d'art et d'histoire militaire*, par Rocquancourt; l'*Aide-mémoire pour l'école de bataillon des chasseurs à pied*.

Si l'Égypte possédait cinq ou six hommes comme Rifaat-Bey, la cause de la civilisation serait gagnée; mais Rifaat est seul, ses confrères les ulémas le détestent et il ne sera pas remplacé.

La civilisation européenne fait peur à ces hébreux, à ces enfants des ténèbres et non sans raison.

La civilisation européenne est fondée sur la liberté d'examen, c'est-à-dire sur le même principe que la civilisation grecque, dont elle dérive. L'hellénisme, avec sa liberté illimitée de discussion, tend à développer toutes les facultés de l'homme et n'en entrave aucune.

La conscience des vices de notre civilisation me jette parfois dans un tel découragement que je me prends à la maudire et à invoquer l'état sauvage. C'est sous cette influence que j'ai dicté les vers suivants :

### LE BÉDOIN.

Bédoin, j'ai pour empire
L'espace illimité :
A longs traits j'y respire
L'air de la liberté.

Mortels vains et serviles
Au langage disert,
Je préfère à vos villes
Le néant du désert.

Sous ma tente je brave
Vos préjugés, vos lois ;
J'insulte un vil esclave
Des honneurs, des emplois.

Le simoun sur nos têtes
Forme un divin concert :
Je préfère à vos fêtes
L'ouragan du désert.

Vos plaisirs sont des peines,
Vos banquets un poison,
Vos usages des chaînes,
Vos murs une prison.

La liberté ravie
Ici se reconquiert,
Pour jouir de la vie
Il faut vivre au désert.

Le docteur Castelnovo me fait faire la connaissance de Clot-Bey. Celui-ci nous mène voir l'Ecole de médecine dont il est le directeur. Fondée par Méhémet-Aly, supprimée par Abbas-Pacha, elle a été rétablie par Saïd-Pacha en 1857. Elle occupe un vaste bâtiment quadrangulaire, situé sur le bord du Nil et ayant autrefois servi de caserne aux troupes de l'expédition française. Au milieu de l'édifice s'ouvre une nouvelle cour ornée d'arbres gigantesques. Nous commençâmes notre tournée par l'hôpital attaché à l'établissement. On mettait des carreaux aux fenêtres qui en manquaient depuis de longues années. C'est la venue présumée du prince Napoléon qui valait aux malades cet excès de bienveillance. Jusque-là toutes les représentations des professeurs de l'école avaient échoué devant l'apathie du Turc imbécile qui porte le titre pompeux de ministre de l'instruction publique et qui regarde tout l'argent consacré aux établissements de l'instruction comme de l'argent perdu. D'ailleurs, il faut convenir que l'absence de carreaux aux fenêtres avait un grand avantage : l'air circulait librement dans ces dortoirs fétides et chassait une partie des odeurs nauséabondes qui s'exhalent des grabats pourris sur lesquels les malades reposent, et des hardes impures qu'on voit éparses sur le sol ou accrochées aux murs.

Nous descendons à la salle des cours. La chaire était occupée par le professeur de botanique qui donnait une leçon de physiologie végétale ; il traitait la question si intéressante de la transmutation des plantes ; mais il n'avait devant lui ni livre, ni gravure, ni le moindre spécimen naturel pour servir d'appui à l'explication. Les auditeurs, au nombre d'environ cent, assis sur les degrés d'un échafaudage demi-circulaire, paraissaient prêter une grande attention aux paroles du professeur, mais aucun d'eux ne prenait des notes. Il y avait parmi eux des Arabes, des Abyssins, des Coptes chrétiens, mais point de nègres. Ceux-ci, que la langue arabe ne désigne pas autrement que sous le nom d'esclaves (*abd*), sont rigoureusement exclus des écoles destinées aux fils des hommes libres.

De là nous nous rendons à l'amphithéâtre anatomique. Nous trouvons deux cadavres de nègres couchés sur des tables de marbre. Le premier de ces cadavres avait tout le haut de la joue droite emporté. Clot-Bey s'approche en disant :

— Ah! je vois qu'on a cherché à faire l'extraction de l'œil.

Mais en examinant mieux, un doute lui vient et il demande aux gardiens qui a fait cela. L'un de ces hommes répond qu'il croit que ce sont les hiboux. Un autre répond :— Non, ce sont les rats.

—Les rats ! s'écrie Clot-Bey, les rats ! Il y a des rats ici ?

Nous entrons dans la pharmacie. C'est une salle basse tellement humide, que la chaux se détache des murs par écailles et par plaques, comme dans une salpêtrière. On y voit des armoires, mais dans ces armoires il n'y a ni vases ni bocaux, ou, s'il y en a, ils sont vides. Le gouvernement égytien n'a jamais voulu comprendre que, pour avoir de bons médicaments, il faut les acheter en gros. La pharmacie de l'école achète ses médicaments au fur et à mesure chez les pharmaciens du Caire qui ne lui livrent que leurs marchandises avariées. Avec ce système, on dépense infiniment plus qu'en faisant des provisions à l'avance, et on n'a rien de bon à donner aux malades. Mais à cela on objecte : Si on fait des provisions, qui les gardera? qui empêchera les insectes de les détruire et les Arabes de les voler ? La comptabilité est une servitude à laquelle les Arabes n'ont jamais pu s'assujettir. Il faudrait confier la direction de la pharmacie à des Européens, et dans ce cas, le but qu'on veut atteindre serait manqué, puisque avant tout il s'agit d'initier les Arabes aux avantages de l'Europe, et comme ils ne les adopteront jamais, tous les efforts de Clot-Bey seront infructueux, et il faut renoncer à tout espoir de civiliser l'Egyte.

L'école possède un laboratoire de chimie pourvu de fourneaux, de cornues, et de tout le matériel nécessaire ; mais les fourneaux et les cornues ne servent à rien par une raison toute simple, puisqu'on n'a pas de charbon. Voilà six mois qu'on en demande au Turc imbécile qui s'intitule ministre de l'instruction publique ; mais le Turc fait la sourde oreille, et il ne faut pas qu'on insiste trop, car le Turc un beau jour pourrait se fâcher et faire administrer aux pétitionnaires quelques centaines de coups de bâton pour leur apprendre à vivre. D'ailleurs les pétitionnaires, s'ils obtenaient leur demande, seraient exposés à des punitions plus sévères encore. A la fin de chaque année, le gouvernement fait faire un inventaire des objets appartenant à l'école. L'agent chargé de cette démarche est capable de demander au professeur de chimie : « Où est le charbon que nous vous avons accordé ? » Si le professeur ne peut représenter le charbon employé dans le laboratoire, l'aga turc le fera impitoyablement destituer pour détournement d'objets appartenant à l'Etat.

Nous visitons le cabinet de physique. Les instruments n'ont pas encore servi une seule fois depuis leur arrivée d'Europe. La poussière les couvre et les couvrira à tout jamais. Aucune main amie n'a encore songé à les ranger avec méthode. Les instruments relatifs à l'électricité sont mêlés avec les instruments d'optique ; les uns sont placés à l'envers, les autres sont démontés et leurs divers membres séparés par des morceaux d'une tout autre origine. Une des parois de cette chambre sert de bibliothèque. Les livres sont rangés au hasard sur des rayons poudreux, d'où nul n'a jamais cherché à les tirer. Les uns sont tournés sens dessus dessous ; les autres par devant derrière ; les uns sont en travers ; les autres sont couchés ; le premier volume d'un dictionnaire de médecine est accouplé au second volume d'un traité de géographie ; la première partie d'un ouvrage se trouve sur le rayon supérieur près du plafond ; la seconde partie du même ouvrage loge au rayon le plus bas, au niveau du plancher. Les volumes sont là ; cela suffit. *Allah aalem* : Dieu est savant.

Nous parcourons un corridor, garni dans toute sa longueur de grandes caisses, au nombre d'environ quarante. Clot-Bey m'apprend que ces caisses contiennent une magnifique collection pathologique, qui a coûté 30,000 fr.

Voici sept ans que ces objets attendent en vain qu'on les déballe et qu'on les classe dans le musée de l'école. Depuis lors, les vers ont travaillé sans doute, et quand un jour on ouvrira ces caisses, on n'y trouvera plus que des débris infects. Mais ce jour ne viendra point : car pour classer une collection, il faut des armoires. Et comment obtenir des armoires d'un ministre turc ? Les compagons d'Amrou et du sultan Sélim n'avaient point de collections pathologiques ; cela ne les a pas empêchés de faire la conquête de l'Egypte. Leurs descendants peuvent s'en passer à plus forte raison.

Nous arrivons au cabinet d'histoire naturelle. Clot-Bey nous dit que c'est lui qui a fait dans cette école des collections de zoologie et de minéralogie, qu'il a amassées à grands frais et à grand'peine, au bout de plusieurs années de sacrifices et de veilles. Il les revoit aujourd'hui et il ne les reconnaît plus. Les minéraux ont été entassés au hasard comme de mauvais cailloux ou des morceaux de pots cassés. Les étiquettes ont disparu ; celles qui existent encore sont mises à l'envers ou déchirées. Nous jetons un coup d'œil sur les animaux empaillés. Leur sort n'est pas beaucoup plus brillant. Clot-Bey remarque l'absence d'une foule de pièces rares et entre autres d'un ornithorhynque.

— Où est l'ornithorhynque ? s'écrie-t-il.

— L'ornithorhynque ! qu'est-ce qu'un ornithorhynque ? demande le professeur de zoologie avec un étonnement difficile à décrire.

L'ornithorhynque, répond Clot-Bey, est un quadrupède de la Nouvelle-Hollande, qui ressemble au castor, qui a la queue couverte d'écailles et la bouche terminée en bec d'oiseau.

— Ah! ah! je comprends, répond le professeur de zoologie, on l'a jeté dans le Nil.

— Dans le Nil! Cela n'est pas possible! On a jeté mon ornithorhynque par la fenêtre!

— Mais oui, monsieur. Tous les ans nous jetons une quantité d'animaux dans le Nil, au fur et à mesure qu'ils se détériorent.

— Mon pauvre ornithorhynque, continue Clot-Bey; ma pauvre collection!... Voilà le fruit de tant de fatigues!

Cette exclamation, qui me serra le cœur, fit rire aux éclats les professeurs qui nous accompagnaient. Ils ne concevaient pas qu'on attachât tant d'importance à quelques carcasses de bêtes empaillées.

Nous assistons à une leçon de physiologie animale. Le professeur (un Européen dont le nom m'échappe) lit un texte français; un interprète le traduit en arabe. Les élèves écrivent sous la dictée de l'interprète, après quoi, celui-ci remet sa traduction en français, afin que le professeur puisse juger si elle est exacte et y faire des changements s'il y a lieu. Cette opération finie, les élèves repassent la leur avec un répétiteur.

Nous redescendons dans la cour. Clot-Bey nous annonce qu'il va nous montrer le réfectoire. Les élèves de l'école, nous dit-il, ne mangent pas sur le pouce et les jambes croisées comme dans les écoles arabes; ils mangent à l'européenne dans leur vaste salle garnie de tables, dans laquelle ils se rendent au son de la cloche. Ouvrez la porte du réfectoire, ajoute-t-il en s'adressant à un gardien.

L'employé répond qu'il ne sait pas où est la clef.

— Comment! vous avez perdu la clef du réfectoire?

— Mais oui, monsieur, il n'y entre jamais personne.

— Il n'entre jamais personne dans le réfectoire? Mais où mangent les élèves?

— Ils mangent où bon leur semble.

Pendant ce temps, la porte cédait sans trop de résistance aux efforts des gens qui la secouaient. Nous voulons entrer, mais l'odeur qui s'exhale de la salle nous fait reculer d'un pas en arrière, et nous renonçons à notre projet de peur de tomber asphyxiés. Les tables sont couchées à plat, les quatre fers en l'air. Notre présence jette le trouble et la confusion dans une colonie de chauves-souris et de hiboux qui ont élu domicile sous ses voûtes et qui s'en éloignent avec d'affreux glapissements. Nous faisons comme eux, mais sans le moindre regret.

Nous allions quitter l'école, lorsqu'une douzaine d'individus entortillés dans d'horribles haillons présentent une pétition à Clot-Bey. Je les prends pour des naufragés de la *Méduse*, ou tout au moins pour des vagabonds qui demandent à entrer dans un dépôt de mendicité. On m'informe que ces hommes sont des infirmiers de l'hôpital qui implorent une augmentation de paye. Ils touchaient 30 piastres (6 francs) par mois; on vient de leur retrancher la moitié de cette somme, parce que depuis quelque temps ils sont nourris aux frais de l'établissement. Auparavant ils se nourrissaient à leurs frais. Mais comme il est difficile qu'un homme vive avec 6 francs par mois, ces malheureux se rattrapaient sur les pitances destinées aux malades, lesquelles, à coup sûr, n'étaient déjà pas trop abondantes. Il s'ensuivait que les malades mouraient souvent de la pire des maladies : l'inanition. Cela n'empêchait pas les médecins de faire de savantes dissertations sur les terribles effets de la fièvre ou du typhus, ou de la dyssenterie et des autres fléaux auxquels ils attribuaient la mort de leurs patients. Enfin l'abus ayant été découvert, les professeurs décidèrent que désormais l'établissement fournirait la table aux infirmiers. Le Turc consentit, mais rogna les appointements et les réduisit de trente piastres à quinze. Clot-Bey promit de soumettre au ministre la supplique de ces pauvres diables qui, presque tous, pour surcroît de malheur, sont pères de famille, et doivent suffire à l'entretien de leurs enfants avec trois francs de rente.

Avant de partir, nous voulons visiter le jardin botanique. Les carrés sont tracés, mais dans la plupart d'entre eux il ne croît que des orties. L'ortie est une plante intéressante, mais un ou deux individus suffiraient pour l'instruction des élèves. Clot-Bey s'enquiert pourquoi on ne sème pas une plus grande variété de plantes.

— Nous manquons de jardinier, observent les professeurs.

— Il faut en demander au ministre.

— Le ministre ne répondra pas, où s'il répond, ce sera pour nous dire que nous n'avons qu'à cultiver nous-mêmes notre jardin botanique.

De l'école des hommes nous passons à celle des femmes située sur une place du Caire, non loin du Mouski.

Nous entrons dans une cour délabrée. Au fond de cette cour on voit une masure dont la porte est assiégée par un tas de gaupes déguenillées, tenant chacune un marmot à cheval sur leurs épaules ou couché sur leurs bras. Ce bouge c'est le bureau de vaccination, et ces femmes sont des mères qui viennent faire vacciner leurs nourrissons. Voilà un progrès réel accompli dans les mœurs arabes, le seul peut-être qui soit sorti de tout le mouvement scientifique dont Clot-Bey fut l'initiateur. Ici, du moins, on n'emploie ni la violence, ni l'argent pour obtenir cette concession aux usages européens. La vaccination a quelques chose d'étrange et de mystérieux qui devait plaire aux imaginations orientales ; elle a un rapport évident avec la circoncision; aussi son succès a été immédiat, et il se soutient.

Sous un hangar attenant au bouge, sont assis sur une natte étendue par terre, sept ou huit petits garçons qui dorment le visage couvert de mouches, ou qui regardent fixement et stupidement le soleil. Ces garçons sont des or-

phelins recueillis par la charité publique et destinés à fournir des élèves aux écoles du pacha.

Nous grimpons un escalier dégradé qui doit nous conduire au local où se donnent les cours.

Un schériff, c'est-à-dire un descendant du prophète, un
noble qui a le droit de porter la couleur verte, est le directeur de l'école et nous en fait les honneurs. Il nous in-
troduit dans une petite salle où nous trouvons une vingtaine
de jeunes filles toutes dévoilées, assises sur des bancs faisant face à une table devant laquelle se tient debout une
femme de quarante à quarante-cinq ans, qui lit un texte
arabe et l'accompagne d'explications orales. Cette femme
est Tomar-Khan, la supérieure de l'école et son principal
professeur. Elle a fait ses études dans l'ancienne école de
sages-femmes créée par Clot-Bey, et abolie par Abbas-
Pacha.

Pour tout moyen d'instruction les élèves ont un traité
d'obstétricie, traduit du français, et un mauvais mannequin
fait de sales haillons. C'est sur ce mannequin que les élèves doivent apprendre l'art des accouchements. Il y a bien
un hôpital attenant à l'école, mais les femmes arabes ai-
ment mieux mourir en couche que de se faire accoucher
dans un établissement public. Il s'ensuit que les élèves
achèvent leurs études sans avoir assisté à une seule opération obstétricale.

L'impression qui nous reste de cette visite à l'école des
sages-femmes n'est guère plus favorable que celle que
nous a laissée l'école des hommes, et cette visite ne sert
qu'à confirmer notre opinion que des esprits dont le Coran
forme la première nourriture intellectuelle, ne s'ouvriront
jamais aux lumières de la civilisation greco-latine.

Clot-Bey est, comme Rifaat-Bey, un petit homme maigre
et chétif, mais plein d'énergie et de feu. Il est Marseillais.
Il fut appelé au Caire, en 1825, par Méhémet-Aly, avec le
titre de premier médecin de la cour.

Le grand nombre de médecins qu'exigeaient les troupes

réunies par le vice-roi, et la difficulté d'en faire venir d'Europe suggérèrent l'idée de fonder une école de médecine en Egypte. Ce projet fut aussitôt exécuté; on plaça l'école dans un village nommé Abou-Zabel, et Clot-Bey en fut l'organisateur et le directeur. Tout alla bien jusqu'à ce qu'on arrivât à parler d'anatomie. Cette science est en abomination aux Arabes, parce que le Coran défend de toucher aux corps morts. Clot-Bey dut s'engager personnellement à ne jamais permettre qu'on disséquât des cadavres humains dans l'école d'Abou-Zabel; on ne devait employer pour les leçons que des figures de cire. Cependant le professeur commença son cours sur un squelette humain venu d'Europe. Comme c'était le squelette d'un chien de chrétien, on ne se scandalisa pas trop. Mais les élèves ne pouvant faire de progrès véritables sans le secours d'une grande variété de spécimens, Clot-Bey leur dit un jour : « Il « y a dans le cimetière voisin une masse d'ossements aban- « donnés aux hyènes et aux chacals, serait-ce un sacrilége « que de les recueillir et de vous en servir pour vos tra- « vaux? » D'une commune voix, les élèves déclarèrent que non, et dès lors ils n'eurent plus de scrupule d'étudier l'ostéologie sur des restes humains.

Mais le plus difficile était encore à faire. Il s'agissait d'arriver à l'anatomie fraîche. Le hasard favorisa le professeur. Il mourait à l'hôpital beaucoup de nègres non circoncis. On se prévalut de cette circonstance pour oser les livrer au scalpel. Dans les premiers moments les élèves témoignèrent un dégoût invincible, mais peu à peu ils la surmontèrent et l'anatomie fraîche fut définitivement inaugurée à l'école d'Abou-Zabel.

Cependant les ulémas murmuraient, un orage allait éclater. Clot-Bey le prévint. Il se rendit auprès des chefs, entra en discussion avec eux et tâcha de leur faire comprendre qu'il était impossible d'étudier la médecine sans étudier l'anatomie et que, pour étudier l'anatomie, il fallait faire usage de cadavres. Il parvint à porter la conviction dans ces âmes stupides. Le scheikh El-Arouzy accorda une permission tacite et promit de ne rien dire, pourvu qu'on se conduisît avec prudence. C'est ce qu'on fit, et tout marcha au gré de Clot-Bey.

L'école fournit bientôt des médecins à l'armée, et on ne put plus, comme autrefois, attribuer la mortalité à un trop petit nombre de médecins. Néanmoins, elle continuait toujours dans les mêmes proportions, et les cas de maladies se maintenaient au même chiffre qu'auparavant. La siphylis surtout faisait des ravages effrayants. Il faut savoir que presque tous les soldats de Méhémet-Aly étaient mariés, et que les camps se composaient d'autant de femmes que d'hommes, sans compter une multitude d'enfants.

Méhémet-Aly, profondément affligé d'un pareil état de choses, fit appeler Clot-Bey et lui demanda comment il se faisait que, malgré le nombre suffisant de médecins, l'état sanitaire de l'armée ne s'améliorait pas.

— Je n'y puis rien, répondit Clot-Bey.

— Rien? qu'est-ce donc que votre science tant vantée ?

— Je ne puis arrêter le mal, puisque je ne puis traiter les femmes qui en sont la cause. Je guéris un homme, il voit sa femme, le lendemain le voilà malade de nouveau. C'est la toile de Pénélope.

— Donnez-moi un conseil.

— Puisque les préjugés du pays s'opposent à ce qu'une femme se laisse toucher par un autre homme que son mari, il faut former des femmes-médecins exclusivement destinées à soigner les personnes de leur sexe.

Le conseil était bon, mais il rencontrait de grandes difficultés. Les mêmes préjugés qui ne permettaient pas qu'un médecin visitât une femme, s'opposaient à ce qu'une femme arabe étudiât la médecine.

Forcé de renoncer aux Arabes, Clot-Bey se retourna vers les négresses et les Abyssiniennes. Ces filles suivirent un cours d'étude régulier, apprirent la langue française et toutes les parties de l'art que l'on jugea nécessaires à l'armée; mais

VIII.                                                                     10 au moment où elles allaient pouvoir exercer, elles moururent de la poitrine. Le climat d'Égypte est trop froid pour les nègres accoutumés à une chaleur de trente ou trente-cinq degrés. L'Égypte est pour eux un pays hyperboréen ; c'est leur Spitzberg. Le problème, loin d'être résolu, semblait devenir plus insoluble que jamais. Clot-Bey désespérait de la réussite lorsque le hasard, cet arbitre du monde, vint à son aide. Les rues du Caire étaient encombrées de mendiants lépreux, infirmes, galeux, qui étalaient aux yeux des passants leurs plaies et leur misère. En 1832, Méhémet-Aly les fit rafler tous et déposer au *Moristan*, et chargea Clot-Bey de surveiller cette multitude immonde. Clot-Bey commença par séparer les hommes des femmes, puis il envoya les plus malades à l'hôpital d'Abou-Zabel dépendant de l'Ecole de médecine. Il y envoya également plusieurs jeunes filles qu'il fit figurer pendant deux ans sur les rôles des malades, quoiqu'elles fussent très-bien portantes, et il employa ce temps à leur faire faire des études médicales à l'insu de l'autorité supérieure.

Lorsqu'arriva l'époque des examens, on commença par les négresses et les Abyssiniennes, et les ministres et les ulémas adressèrent à Clot-Bey les plus vives félicitations sur les succès de ses efforts. Clot-Bey prit alors la parole pour annoncer la mort des élèves des années précédentes et déclarer que l'institution ne pourrait avoir d'avenir qu'autant que les élèves seraient indigènes. On se récria et on allégua les usages musulmans. Clot-Bey fit un signe de la main, une porte s'ouvrit et on vit entrer seize jeunes Égyptiennes non voilées que Clot-Bey présenta à l'assemblée comme les meilleures élèves. Soumises aux examens, elles s'en tirèrent avec honneur, et les ministres et les ulémas sont désarmés.

— Maintenant, leur dit Clot-Bey, m'enverrez-vous des élèves ?

— Sans doute, répondirent-ils.

— Hé bien, à présent, je n'en veux pas. Celles-ci m'en

procureront d'autres; elles m'amèneront leurs sœurs et leurs amies.

C'est, en effet, ce qui arriva, et de cette école sortirent, dans un laps de dix années, plus de trois cents sages-femmes qui exercent encore leur profession dans toute l'Égypte.

Le docteur Burguières, l'un des professeurs de l'École de Kesserlein, avec lequel je me suis trouvé en rapport, est tout ensemble un homme du monde, un homme d'esprit et un savant. Il n'a qu'une confiance modeste dans son art; il le juge et l'exerce en philosophe. Il a horreur des drogues; il en prescrit le moins possible, et laisse agir la nature le plus qu'il peut. A cette excessive probité professionnelle, le docteur Burguières joint une connaissance approfondie de toutes les branches qui constituent la médecine, et je crois qu'il existe peu de docteurs qui réalisent aussi complétement que M. Burguières l'idéal du médecin.

Comme la plupart des maladies ont pour cause directe ou indirecte l'ignorance, elles deviendront nécessairement beaucoup plus rares avec le progrès des lumières. Chacun sera son propre médecin. Il suffira pour cela de développer en nous l'instinct médical comme on développe l'instinct musical, scientifique ou industriel. Dès à présent, on voit nombre de personnes qui savent se guérir elles-mêmes et qui parviennent à un âge très-avancé sans avoir jamais eu recours aux disciples d'Esculape. Mais même les malades qui consultent les hommes de l'art doivent être un peu médecins eux-mêmes, sans cela ils ne pourraient décrire les symptômes qu'ils éprouvent. Et lorsque le médecin les interroge, ne lui disent-ils pas de quoi ils croient avoir besoin et quel remède leur paraît leur convenir le mieux? Dans cinquante ans on enseignera aux enfants les principes de l'hygiène comme aujourd'hui on leur enseigne le catéchisme. Quand tout le monde connaîtra les principales causes des maladies, on les tarira dans leur source par les moyens prophylactiques que l'expérience a découverts, et dont l'application est sûre et facile.

J'ai oublié de dire comment se recrutent les écoles du Caire. Le moyen qu'on emploie est assez semblable à la levée des matelots qui se pratique en Angleterre et qu'on appelle *the press*. Les troupes cernent un village pendant la nuit ; les officiers vont de maison en maison et s'emparent des plus jolis garçons qu'ils trouvent, après quoi on les envoie au Caire pour recevoir l'instruction. Sans cet expédient barbare, mais efficace, les écoles demeureraient vides. Les parents redoutent pour leurs enfants la condition d'étudiant encore plus que celle de soldat. Dans l'origine, Méhémet-Aly ne voulant pas user de violence, faisait entretenir à ses frais les familles des jeunes garçons admis dans les écoles, mais on ne tarda pas à reconnaître le danger d'un pareil système et on s'empressa d'y renoncer. Le père et la mère, au lieu d'encourager leur fils au travail, l'en détournaient autant qu'ils pouvaient, en alléguant que toute cette prétendue instruction était un piége des infidèles et du diable.

Les écoles où on vient de vous conduire, ami lecteur, sont organisées à l'européenne et n'ont point du tout le caractère oriental. Si l'on veut voir une école vraiment nationale arabe, il faut aller à la mosquée d'El-Azhar. Le consul de France, M. Delaporte, se procura un firman et nous nous rendîmes ensemble dans ce sanctuaire de la religion et de la science musulmane. On nous fit déposer nos souliers sur le seuil et nous les remplaçâmes par des babouches que nous avions achetées à cet effet. Le janissaire du consulat nous précédait pour nous frayer un passage et nous défendre en cas de besoin. La mosquée d'El-Azhar est une grande cour quadrangulaire dont les quatre murs sont soutenus par des colonnes élégantes. Le sol est tapissé de nattes où grouillent, rampent, gisent étendus des centaines de jeunes gens et des vieillards écrivant ou lisant, causant ou déclamant sur tous les tons et, tous à la fois, avec des gestes étranges et dans les poses les plus extraordinaires du monde. Je me crus transporté dans une ménagerie : tous ces hommes me semblaient des loups, des chacals, des ours, des hyènes dont les hurlements m'assourdissaient et dont les dents me menaçaient. Les uns tenaient de la main gauche un papier et de la droite un roseau avec lequel ils écrivaient de droite à gauche, sans autre appui que la main ou le genou ; d'autres lisaient à haute voix ou récitaient par cœur des passages du Coran qui forme la principale branche d'étude de la mosquée ; d'autres, accroupis en cercle autour d'un professeur, écoutaient la bouche béante ; et le professeur, vieillard à barbe blanche, assis par terre, le dos tourné contre une colonne, employait tour à tour l'éloquence de la parole et l'éloquence d'un gourdin pour faire pénétrer ses doctrines dans l'esprit de ses élèves. Et tout cela marmottait, travaillait, hurlait comme s'il s'agissait de gagner un prix destiné à qui pousserait les grognements les plus sauvages. Je me demandais, chemin faisant, comment il est possible d'apprendre quelque chose au milieu d'un pareil vacarme. Notre janissaire avançait à grand'peine parmi cette foule compacte qui ne remuait pas, et de temps en temps assénait un coup de courbache aux plus récalcitrants, tel qu'un berger qui visite son troupeau à l'étable et qui se fait faire place à coup de houlette. Nous le suivions ahuris, abasourdis, regardant à nos pieds de peur d'écraser en passant quelque savant absorbé dans ses méditations. Cette promenade bizarre me rappelait celle du Dante et de Virgile dans la plaine infernale toute jonchée d'ombres couchées qu'ils foulaient aux pieds en marchant.

LOUIS DELATRE.

# LES PUITS ARTÉSIENS DU S'AH'ARA.

Le S'ah'ara est resté et restera pendant bien des siècles l'une des plus étranges régions du globe.

Cette immensité, pour ainsi dire sans limites, cette terre où l'on retrouve à peine ce qui fait l'ornement et la vie des continents, où les grands accidents de terrain, les hautes montagnes et les larges vallées sont aussi rares que les eaux courantes et les forêts ombreuses, se montre à nous sous de tels aspects qu'on la dirait frappée d'une éternelle malédiction.

En Algérie, c'est à Lar'ouât, à Biskra, à Brizina, à Mor'ar, au pied de cette ligne de crêtes qui forment le flanc austral des dernières chaînes atlantides, que l'on se trouve en contact avec le Désert, et à peine y a-t-on jeté un regard, qu'on reconnaît aussitôt une nouvelle nature, un nouveau monde. Là seulement commence l'Afrique.

Ce qu'il faudra d'efforts et d'esprit de suite pour apporter quelques améliorations dans ce milieu si rebelle et si énergiquement réfractaire au bien ne saurait s'exprimer sans sortir bientôt de la limite des conceptions acceptables. Et, cependant, la France n'a pas reculé devant une pareille tâche ; elle s'est montrée là avec ses immortelles traditions de tout son passé, apportant après la guerre, ce qui est le complément, la paix, la sécurité et le travail, la liberté et la richesse.

En vérité, notre pauvre S'ah'ara algérien en avait bien besoin.

Jadis on y avait vu régner une grande activité, n